良種紙上播
善筆植心田
U0152188
心田
心田文化

# 般若波羅蜜多心經

觀

觀自在菩薩行深般若波羅蜜多時照見五蘊皆空度一切苦厄舍利子色不異空空不異色色即是空空即是色受想行識亦復如是舍利子是諸法空相不生不滅不垢不淨不增不減是故空中無色無受想行識無眼耳鼻舌身意無色聲香味觸法無眼界乃至無意識界無無明亦無無明盡乃至無老死亦無老死盡無苦集滅道無智亦無得以無所得故菩提薩埵依般若波羅蜜多故心無罣礙無罣礙故無有恐怖遠離顛倒夢想究竟涅槃三世諸佛依般若波羅蜜多是大神咒是大明咒是無上咒是無等等咒能除一切苦真實不虛故說般若波羅蜜多咒即說咒曰揭諦揭諦波羅揭諦波羅僧揭諦菩提娑婆訶

謹錄法師書法
癸卯秋月佛弟子志榮敬臨

知命識相系列⑤

迎進正向能量，開啟靈性生活

【五行增值】

# 子平氣象

◎易天生著

一縣輕帆萬里回
己亥年夏月 志榮

# 把人生化作一幅山水畫

很多讀者都知道筆者近十年來，一直努力於山水畫學習和創作，在面書平台上，發表了大量的作品，在命學以外，另開一條路徑，也不是為了賺錢成名，只求在生活上添加一點色彩，也為自己的才能多開一條出路。

事實上本書的靈感，很多是來自山水畫，天地萬物之形成，尤如人命哲理，畫亦如是，一幅大型山水，裡面就有著金木水火土的各種元素，例如天空、土地、流水、建築等等，把所有事物揍合於一起時，畫像便告形成，這不是等於人的命運嗎？

今次我將兩者結合起來，創出一種較新的論命法，其實也不是很新，古時就曾經有過一些古籍，以不同形式實現過，如：窮通寶鑑、滴天髓等重要命書，內容重心都很接近天時地理，還有易經就不在話下了，近世雖然已較少用到形象，較多採納數據，但當我們發覺單用數據時，會有很多誤差和限制，令批命時而不準，因此大家返本尋源，由純理性回到感性，從「數」反觀「象」的時候，還是有需要的。

近年，筆者想解構一些疑難八字，用傳統和正五行法，似乎都是徒勞無功，無法作出完全精確無誤的推算，於是在四年前開始研究「子平氣象」，以圖解與山水畫的方式論命，四年間的開發與磨合，漸漸形成基礎理論，過程中發覺到，氣象法是一種反樸歸真的技術，它有著最基本的祿命基礎，也離不開滴天髓的四方通氣原則，比起筆者中期發展的，快速取用神「根源流住法」，更能簡化學命的程序，如果能夠將「根源流住」與「氣象法」合而為一，相輔相成的話，相信必定很有趣，起碼會令到往後有心學命的朋友，減少困苦艱辛感，如此對命理學發展，又可能跨進一大步。

這個工程可能是很遙遠，也可能是很近，目前還是個未知之數，始終筆者寫作的黃金期已過，但望筆者有足夠的生命能量，可以再多走一步，多寫幾筆，已很感恩。

易天生

寫於：癸卯年9月20日

## 【第一章】子平氣象



## 【第二章】八字入格的氣象分析

## 【第三章】談氣象

## 【第四章】 附錄 三命通會談氣象

# 第一章

# 氣象圖法的緣起

# 子平氣象

◎命理操作第·5部曲

## 【氣象圖法的緣起】

最初以圖象法來推命，是在四年前，發展下來，便改為氣象法，故名思義是以氣象為主，有更大的形勢，不局限於圖象，逐步轉變成氣象圖，可包容更大型的畫面。

在新作窮通寶鑑——命例解密一書的後記中，筆者提及五行形象圖，有打算發展這一個課題，但這看似簡單的課題，原來一點不易為之，原因是這個新法，要在五行旺弱法和八字調候法之間取得平衡，這並不容易，還須要很多測試與融合。

目前批命大都以正五行子平法為主，看命主身旺身弱，再取用神，分喜忌，然後以六神與大運流年論命主一生際遇，但準繩度都在七、八成左右，反觀調候法局限在季度之間，問題更大，若把五行形象圖這理念，加插於旺弱法與調候法之間，兩相融合，互補不足，或可令批命能更加準確。

至於這個五行形象法，並不能單獨使用，它須要建立在子平旺弱法的基礎上。

由於此五行形象圖，是由原局本身的五行狀況繪製出來，並以五行的平衡為目標，一個幸福的命，決定於圖像能否達至平衡境界。

如果由本命畫出來是山明水秀，土地豐茂，有花草樹木，陽光暖意，便是一張五福俱全的美景圖，這亦代表這是個有福氣的好命，相反八字圖中一片景象偏枯，了無生機的話，就代表命運差，生命裡有所欠缺。

## 【山水畫與命運】

山水畫是一種與氣有關的藝術，能夠打動人心，這個「氣」影響著人的身心，山水畫也有著深厚的佛道傳承，出色的作品大都貫注了作者本身的精、氣、神，對人體存在深厚的影響力。

中國山水本身有著天體宇宙無限的奧秘，而山水畫中的氣韻就能夠把這種奧秒反映出來。

從古代到現代，中國山水畫師每能進入禪的境界，在繪畫的過程裡，融入了禪定的原素，所以畫出來的作品，給人一種寧靜致遠的感覺，過去畫家就有元代富春山居圖作者，黃公望，漁父圖的作者吳鎮，他們都是有道家與命學根底的命師，同時也是當代山水畫名家，各有傳世佳作。至於現世中也有幾位玄學界畫師，計有台灣鐘義明、香港馬君程、大弘（劉宏業）和筆者（易天生）。

山水畫作寓意深重，帶有吉祥意象、祝福與祈願的的功能，例如山水畫中的松鶴圖，就是長壽的象徵，松柏也代壯健長壽，竹樹代表節節高升，桃李則是添丁意象，鷹代表了堅強意志，鐘馗震邪和蝙蝠福到等等，不一而足。

筆者近年在大量畫作中，挑選了兩張給有需要的朋友，

pubhtml5.com/phwi/daur

一張是「雪夜故人來」，另一張是「桃樹報春」，不久都收到預期的喜訊，前者情緣至，後者懷孕，解決多年來求不得苦，這令作者十分鼓舞，更有信心將命理與山水融合，發揚新世代創意精神。

雪夜故人來

桃樹報春

## 【山水氣象圖補運】 五行增值的延續

在五行增值一書中，筆者以各種方法來補助人命五行不足，包括了顏色、方位、生肖和物器等（pubu.com.tw/ebook/213685），而「山水氣象圖補運」，便是其中一種頗具效益的補運方法，因為一張山水掛畫，便包括著：形象、色彩和意義上的各種原素，用得洽當，便能夠補充所缺少的五行，令到個人能量大大提升。但大家要曉得，這個並不是開運的方法，而是補運，這樣才不至於

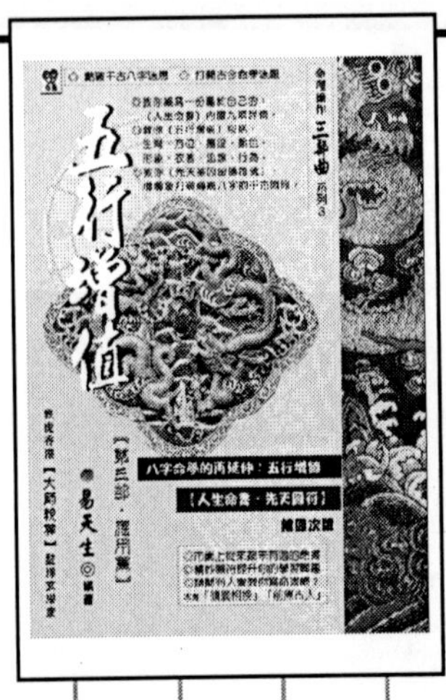

有太多迷信的成份。

世間上完美的命實在稀有，由於人命極少是五行齊備和五福俱存的，多數都是普通平常命，更甚者缺少了某樣五行，又不能成格，造成嚴重失衡，這時候要做的，便是五行增值，而本書所提倡的氣象圖論命，就是朝著這個方向，實現自我提升力量，與平衡身心。

這到底要怎樣去實踐呢？這裡就用一個比較可行又簡單的方法，就是採用氣象山水圖，而且可分成兩個方式，1自我提升，2借物提升。

當發現自己或身邊人的八字，有著某些五行的弱勢時，便以山水氣象圖來補充，完成五行增值的畫像後，把它掛在能補旺方位的氣牆上，便告完成。

比如說，某人的八字欠水生木，便要制作或取得一張有水有木的山水氣象圖，這應該不太難。

先講1，首先嘗試由自己去接觸大自然的水與木，即河流海水和花草樹木，訓練自己平日多觀察，所有關於這兩方面的事物，都不放過，一一收入腦中，這包括了用手機拍照。再將拍得的風景，握要地繪畫出來，這可以是一幅有瀑布河流，也有樹木的畫作，然後掛在合適的方位，如喜水生木，即掛在北方或東北方的牆上。

其次2，如果本身沒能力或時間去畫，便設法去求取一張適合自己八字的畫作，同樣把其掛在合適的位置上，亦可收補運之功。

五行：水 木 火 土 金

季節：木春 火夏 金秋 水冬 土季中

五行山水物象（可以有更多的延伸事物）

水：河流瀑布 木：花草樹木 風

火：太陽熱力 土：山地石泥

金：建築器具 音聲

形象：水：圓 木：長 火：尖 土：厚 金：方

## 山水氣象圖補運

各位聰明的讀者，可嘗試推想筆者往後的每一張山水畫裡，會有多少五行原素，是與八字命例有所呼應的。

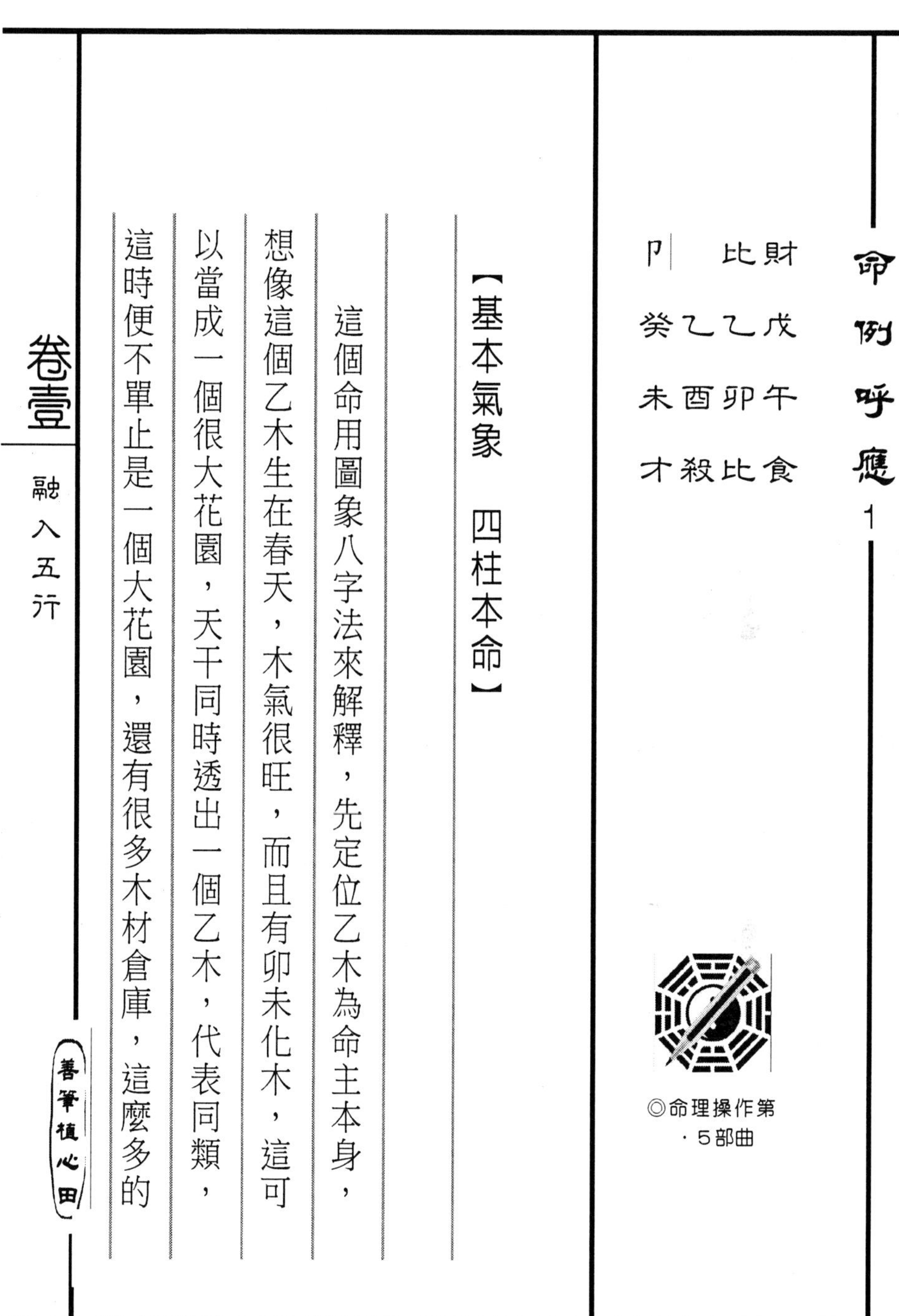

## 命例呼應 1

| 財 | 比 | | 卩 |
|---|---|---|---|
| 戊 | 乙 | 乙 | 癸 |
| 午 | 卯 | 酉 | 未 |
| 食 | 比 | 殺 | 才 |

◎命理操作第·5部曲

【基本氣象　四柱本命】

這個命用圖象八字法來解釋，先定位乙木為命主本身，想像這個乙木生在春天，木氣很旺，而且有卯未化木，這可以當成一個很大花園，天干同時透出一個乙木，代表同類，這時便不單止是一個大花園，還有很多木材倉庫，這麼多的

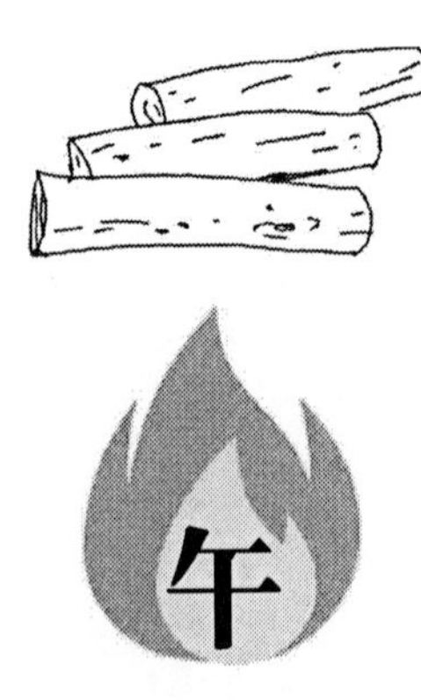


木，到底最須要的是甚麼呢？

命主答：水，看命中有一個癸水，這可以視為雨水或濕氣，大家可以想象，這個命有那麼多帶有濕氣的木，最先要見到的，一定是太陽出來，其次是用火來焙乾濕氣，如此木方能保存下來，其命中正好有一個午火，雖沒有丙火太陽，但總算能保住倉存的大量木材。

但這麼多的木材，要有用，就得要工具來開發，制造成有用的各種成品，例如家具，屋和門等等，再來看看這個八字有否這個工具：金。

日支是金，但這個酉金是被月支強勢所沖的，因此，這刀斧等物器，並非精良工具，用來制作產品的能力有限，這時我們看看，有否另一樣更加需要的東西：土。

看來這個命很幸運，天干透出一個戊土，但卻有點遠土不能生近金的情況，土氣也被木比肩所剋制，同樣是力有不逮。

【氣象延伸　大運各柱】

首運即行甲寅木連根，木旺至極，故出身在在很陰暗的密林中，景象不佳，其次是第三

柱壬子運，大海水湧入，令木材浸水，外面的草木亦遭浸沒，支下子午卯酉為四正對沖，造成破壞處處災難四起，戊土田園盡毀。

要到第六個運的己酉，土金進入命中畫面時，才能百廢待興，因有己土之規劃與金之器具，故而得用，畫面便有了大樹林的山水規劃，得以健康地平均發展。

## 山水氣象圖補運

畫中石山（土）佔著很大比例，也有小庭（金）和樹木（木），處於湖中（水）。

本畫給人一種極其安靜平和的感覺，極之適合八字或大運受沖的人。

| 比 | 傷 |  | 財 |
|---|---|---|---|
| 乙 | 丙 | 乙 | 戊 |
| 丑 | 戌 | 巳 | 寅 |
| 才 | 財 | 傷 | 劫 |

◎命理操作第
·5部曲

【基本氣象　四柱本命】

本命亦屬於難判八字，因為身弱者忌行財運，而行了廿年財運竟然沒破大財，只破些小財，這情況是何原因，很難看得到，應該是得到命中有比劫扶身，天透地藏之故。這裡也從圖像法來解釋。

本命為乙木，一棵花草，因生戌月土眾有三個之多，形成一大片土地，只長一棵小草的情景，且在丙火太陽當空之下，完全沒有水流在附近，這一大片好像沙漠，怎不讓這棵植物枯竭。那麼本命之生機到底在何處呢？就在於天干透乙木，和時支寅木坐根，大家可有想到這是個甚麼景像？

即是，這一大片乾涸無水的土地裡，原來是一個花園，而且有樹的根，長滿著草地和小樹，可惜的是沒有水，這個命就是要等待水和雨的來臨，方能生長茂盛。一個需要水而缺水的命，便

只能往外求，即是從大運入手。

【氣象延伸　大運各柱】

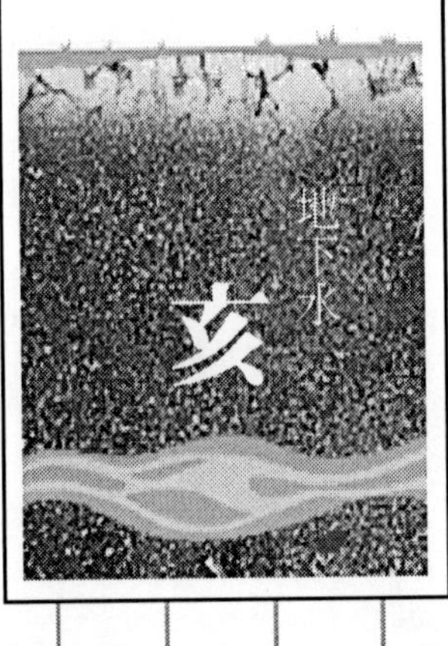


看看其運中有沒有水，水愈多便愈好，這是顯而易見的，首運的丁亥，可謂如魚得水了？先不講丁火，先看地支的亥水，亥水入原局，合寅成木，這是地下水，有利木的種子發芽生長，但依然是看不到有河流，也不見下雨，故而自小運平常普通，有點小聰明，但巳亥沖中有合，反映其不穩定性。

好了，到第二個運，看看是甚麼？是戊子，又先看子水，跟先前有點分別，子水是一條河流，甚至是大海水，不是有水來了嗎？要知子水入原局，即與丑合，化成了土，水不清反濁，土入命即再加深這片土地，這個小花園的景象更形淒清，命主留學外國，但回來學不致用。

己丑運至，同樣是來個重土，但今次丑土中，有水的餘氣，水源雖有所不足，但今回卻沒有被合化，反而能用這個很小的水來自給自足，滋養小小花園，以令生命圖像能夠持續。

但營營役役地工作生活，卻又不適應固定的工作環境，做得也不開心有壓力。

根弱無水

補根

# 寅

最後如果行到了一點水都沒有的運時，其人命運又會如何呢？看看下一個運庚寅，這是雙庚合乙化金的狀況，身弱擔不起重官，但得寅木入局，補根亦無大礙，只是缺水無真運而已，也是一種人事之象。

本命在此運裡，確實是自給自足，做自由工作，搞活動以謀生，一個平凡人而已，主要是寅木的現實，身弱比劫有根，優點是實際，積極和自信，但根弱無水，便產生負面情況，運氣時好時差。本命只因傷官丙，巳貼鄰洩木，身弱丙為忌神，較任性虛浮，傷官生財即財耗。

## 山水氣象圖補運

畫中重點是大型瀑㳍（水）之氣勢磅礴，山石上有樹（木），遠山近崖（土），更反映了一種具有震攝力的巨大能量，能夠激勵人心，令人鬥志激昂。

# 命例呼應3

傷 甲 寅 傷
比 癸 酉 卩
　 癸 酉 卩
劫 壬 子 比

◎命理操作第·5部曲

【基本氣象　四柱本命】

癸水命人，生於酉金月，金比作水庫，於是便有兩個水庫了，而且壬子水在時柱，是大海之水，再加癸水雨勢，最需要的，就是甲寅連根之大樹，自坐而根深，且金水木三行順生，其氣流通，可以見到這是個水中之美景，一片園林景

色，美不勝收，但問題來了，這片佳境就是缺少了一樣重要的事物，就是太陽，無火，如此必形成風雪，木為風，金水寒冷，不見陽光，於是白白荒廢了這片美好風光。

雖說如此，但有這麼強生命力的植物，令本命的生命形態十分壯觀，這是難得的大自然奇妙景象。

由於此命尚差兩個五行，火和土，沒有土地，但這棵河邊的奇樹。有了火，太陽和溫暖，便會在水邊大量生長起來，強

根有源源不絕的水供應，兩個強大水庫，只要再加上土，便能夠成為一個超級美麗的小島，有種滿各式美麗的樹木，充滿大自然氣色，鳥語花香，島上更有小屋，住在這裡，可謂人間天堂，這當然要有這種火土連環的大運，才說得上。

正因為此命有所欠缺，於是我們要往各組大運去尋，這很重要。

【氣象延伸　大運各柱】

本命的大運初行壬申長生之水，可謂江河缺堤，一發不

可收拾，水多木泛，縱然是大樹亦遭水浸，幸樹有強根，不致沉沒。

此命比較遲見土，在第四柱大運，這塊遲來的己土地，開始改變了本命的一生，接著的戊辰連根土，但未有火的來臨，仍然是一片水鄉澤國，亦堪稱美境。

火是在第六和七柱運才出現的，是丁卯和丙寅的火連根，但丁壬化木，丙火才是真正太陽之火，日光照片這個美麗小島，可謂豐盛晚年。

## 山水氣象圖補運

畫中要點是佔著重要位置的一組松樹(木)，其次便是畫中廣闊無邊的雲海空間(火)，畫面的留白，令遠山更感深遠，令人生出閒情逸志。

| 劫 |  | 殺 | 印 |
|---|---|---|---|
| 丁 | 丙 | 壬 | 乙 |
| 酉 | 申 | 午 | 巳 |
| 財 | 才 | 劫 | 比 |

◎命理操作第·5部曲

【基本氣象　四柱本命】

本命事實在傳統和新法論命上，都存在著很大誤判，與事實有落差的情況，今以圖象來解構此命，看有否更簡單易明，又與現實相乎的答案。本命丙火生於午月盛夏，可以想像是炎炎火焰之景象，再看其它干支，天干丁火，地支見巳

火，這足以燒毀萬物，令寸土不生，若是入專旺格命則又當別論，反而是一個宇宙奇景，以反方向推，但本命透出了至重要的一個壬水，於是這個水即代表在群火中的一條熱河，只是略現生機而已，必須水有根源，才不至被烈火熬乾，水不枯竭。

很明顯，這個命能否存活，便全靠地支的水源了，且看地支的情況，支下有兩個金，一申一酉，酉金是水庫，申金是水之長生，即水的發源地，建立了一個超大型的水管通道，天干這個水可謂源源不絕，如果以壬水為七殺星，這個人坐擁權貴，絕對是一個強者，但沒土是美中不足處，因土可保護金水，不至被熱力影響，令生活更具色彩。

與事實相乎，本命主人翁生於大家族，有高學歷，是高級行政人員，長期執掌財金與人事重要職權，可謂一人之下萬人之上。看看申酉之金財之根深，可以應了古書的「火長夏日金疊疊，富有千鍾」。

【氣象延伸　大運各柱】

因此，這個命的起始大運便十分重要了，要看能否應了這句古語，先來看看前二柱大運，辛巳，庚辰，先來正財再加支下巳酉合金成化，少年再行庚辰，早出大應期，即入原局乙庚合辰酉合，天地化合成金，亦即本命家族已擁有生財之重型先進工具，而他少年已能接通金氣，可謂少年得志矣。

強金自然生水，這個水可以在此命局產生水火激盪的壯麗場面，緊隨行己卯，戊寅運，土入局，成了這水火之中的一片陸洲，本命欠土，火本熔金，木旺生火制土，但土一來即能自旺，火土聯手，成通關之應，即木生火去生土而不剋金，成四行順生有情，廿年開發，生機處處，暗裡有木印之阻力，亦不足懼，打下雄厚的事業基礎。

## 權位——羊刃駕殺

本命實際上是古書格局裡的正宗「羊刃駕殺格」，被指為邊關重要守將，此命更加能切合此說，重點是其財不出干，合乎守著重要財金之應，如今化作了五行形象，可以不看格局，亦能如實反映。

至於後運，主要行木，似是不佳，無如支下坐亥子丑和壬癸水，可謂水源不絕，能確保其地位、權位與事業，命透劫財，劫生印，外圍形勢不佳，怕只怕其第五六柱的丙丁來時，火水太過激烈，會影響心血管健康，而健康亦比一切重要，包括權力與金錢。

## 山水氣象圖補運

畫中有有長長的一條瀑布(水)，水源可謂充足(金)，近見雲霧，水氣煙霧四起，降溫度甚佳之畫作。

卩己巳官
卩己巳官
辛未卩
才乙未卩

◎命理操作第·5部曲

【基本氣象　四柱本命】

大家且看一個男命，命如一片沙漠，火土皆熱，辛金是本命的五行，生於夏天巳火，貼鄰年支亦巳火，有火旺熔金之慮，再看其它干支，土！土佔了四個，干己己，支未未，我會用熱帶沙漠來形容這一個景象。

反觀命主這塊小小的金，礦物深深藏於地底下，古書叫這做「重土埋金」，因此也要有強大的植物，大樹補根，命中的乙木，才能在堅實的厚土裡生長。

火的熱力雖然隔於重重深土之內，未致燒到本身的金，但亦形成了重土埋金，火土燥金之弊病，這時首要之務，必定是水，只有冰水和冷空氣才可以降溫，但本命缺水，滴水全無，土多無水，卻有一個乙木透干，這大片沙漠中，出現瘦弱的仙人掌，看上去已經很清楚，這絕對不是一幅美麗圖畫，在生命中起不到作用。

## 【氣象延伸　大運各柱】

此命早年至壯年前四柱，都是滴水全無，但行木運，木運代表有一個花園，可惜無水灌溉，表示經濟尚可，表面風光，但進入花園後，便發覺園內的植物長得不健康，只因為無水之故。第六柱沖堤運之時，方才見來癸亥水，可謂久旱逢甘露，第五柱的子水也是水，因為天干甲入原局，合己化土，這就如生長奇型怪狀的樹木，遇上了泥石流而沒頂，正好蓋了子水之頭，子水入局又被未土剋住，故生木之力相對輕微，不及下運癸亥來得清澈有用。

甲己化土　泥石流

## 山水氣象圖補運

畫中正值寒冬，大雪冰封（水），地上建築物和樹木，全都被雪所遮蓋，令人生起寒意來。

| 劫 | 食 | | 才 |
|---|---|---|---|
| 甲 | 丁 | 乙 | 己 |
| 寅 | 卯 | 卯 | 卯 |
| 劫 | 比 | 比 | 比 |

◎命理操作第·5部曲

## 【基本氣象　四柱本命】

本命屬於不易判斷的奇命，表面上不難看，但要說得準，並非一般命師所能做到，因此，本命還須配合命與運的氣象圖解釋。注意其五行欠了二行，反映有人生缺失，但前半生大運，卻可補足而不出大問題，在揭示此人命運五行圖

時，我形容其為無水無金之木，日元屬木，支坐三卯一寅，地支連氣上透天干甲木，而關鍵是「一火獨清」，透一個丁火和一個己土，根源流住由木而火，再生己土，三行順生，於是其土旺極有洩。

看出來的氣象圖，其命就如生長於溫室的花園，很多花樹園木，且甲林巨樹強根深種，就如不斷有花木的輸入，但八字中缺金，無金者，可視為沒有製造物件的器具，難以有制成品，但就有良好丁火，可想像成這是個非常壯大的溫室培育場，且有土壤的培養，洽到好

處，關健是，如火若不透的話，便會應了木多火熄之象，所以更多的木都能夠運輸出去，助益外界極需火能量、能源的地方。火生旺土地，如是者，這個氣像三行順生，確實有情，一火獨清，高透生土才，其人早年出身中等家庭，父從商卻有大起落，財坐三會劫局，這點也能計算到。

【氣象延伸　大運各柱】

第二柱早行己巳，少年得志，早給火土之根，取得優異成績，庚午運時天合地合，漸次發揮，火漸出干甚吉，入大銀行打拼，辛未運食神制殺，時運帶來權貴，身居決策

之位，是大老板身邊出謀奉計的紅人，七殺辛開拓商機，剋敵制勝，所以，其人一生要行的運都已行夠，現行壬申運，水坐長生，壬入原局合丁火化木，令己土虛浮，圖中眾多的樹木會令己土崩解，支下寅申沖，反映人生迎來重大變化，沖年支應其遷移之象，會顯得不穩定，但卻屬於另一種人生際遇的體驗，以正五行分析，比劫木不生火便會去剋財之故。

甲戌運 又有一片新天地，甲地支三卯合戌化成地下火，上接天干的丁火，然後再生起命中己土，尤其是甲己合土，這時一片廣大無邊的土地，命主可以隨心所欲了。

## 山水氣象圖補運

本畫以嶺南漁村取景，有可以見到很多土屋（土金）建築，最重要是可見的一大片空間（火）和遠景，天空有鳥群在飛翔，很有一種自由活耀的氣象。

才　丙寅　傷
日　庚子　劫
　　壬子　劫
官　己酉　印

◎命理操作第·5部曲

【基本氣象　四柱本命】

本女命屬水，雙子水坐支，天干庚金，金水相生是河流，酉金亦是一大水庫引水道，這個命便形成很大的河水，再看天干透己土，有一片土地，更有寅木在支下，強種生木，無如丙火太陽高照，坐寅得長生之火，很明顯得到完善

壬子子水　丙陽

己山　寅木

金礦

的地面規劃，是一張甚為壯麗的氣象圖。

本命有陽光，有山有水，有土地和樹木，更有強大的機器，配合得好，便能形成美好人生，這與一般的傳統女命看法有所不同，皆因古法以女命日柱坐劫財羊刃為凶，而且此女還月日雙坐刃，到底這會出甚麼問題呢？女命坐劫刃這問題是一個事實，而且是很嚴重，但只要有官星制住，或羊刃駕殺，便不為害，但都要行運不觸及印劫才能確保感情婚姻無礙。

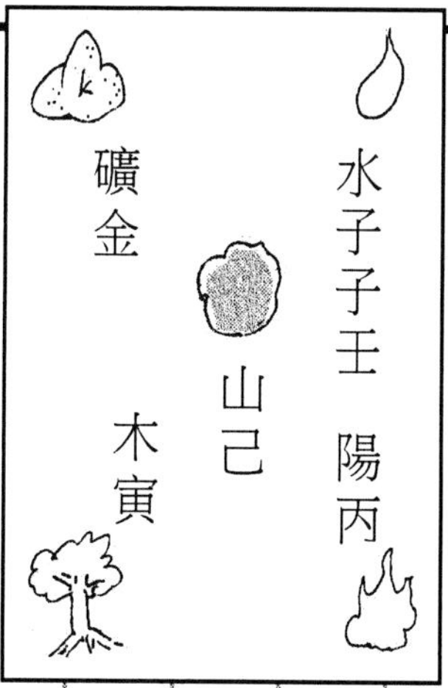

## 【氣象延伸　大運各柱】

首柱己亥和戊戌，土地加強有山有水，

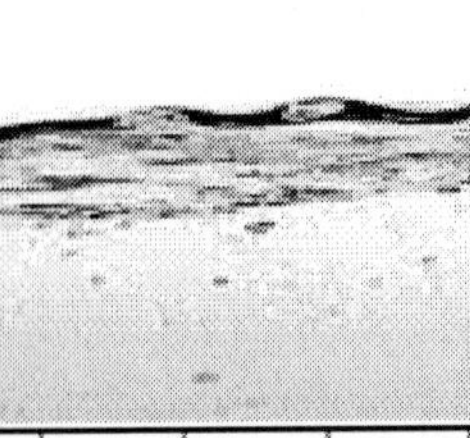

又有太陽，美景當前，少年得志，早有超卓成就，才華吐現，丁酉運丁壬合而不化，便看支下酉庚進入，但此為生水之庫，此運地下水多，故未能發揮，丙運有太陽之照耀，大發光輝，創業成就，但支下的申合雙子化水成局，劫刃力量太強，女命婚姻必定有影響，感情複雜而有壓力，備受考驗，會略減其福力。身為女強人，但傳統女性的美德，亦需重視。

本命於前作「子平百味人生」一書，有專題探討，大可以參考。

## 山水氣象圖補運

畫中主要是一棵壯健的松柏（木），佔著畫面重要位置，巨樹下更有白鶴，飛鶴天空（火）飛翔，甚具生命力而令人安康舒暢。

## 命例呼應8

| 劫 | 辛 | 酉 | 劫 |
| --- | --- | --- | --- |
| 食 | 壬 | 辰 | 卩 |
|  | 庚 | 辰 | 卩 |
| 殺 | 丙 | 戌 | 卩 |

◎命理操作第·5部曲

### 【基本氣象　四柱本命】

本命甚為傳奇，故其八字亦見獨特，庚金生於三個土的大片土地之上，支下辰酉合而化金，再借辛金出干，象徵這是塊非常剛硬，難以開發的金屬，而且是個極大的金礦，同樣是難於開發，必借水道疏通土金的硬度，方能為世所用。

木藏土中

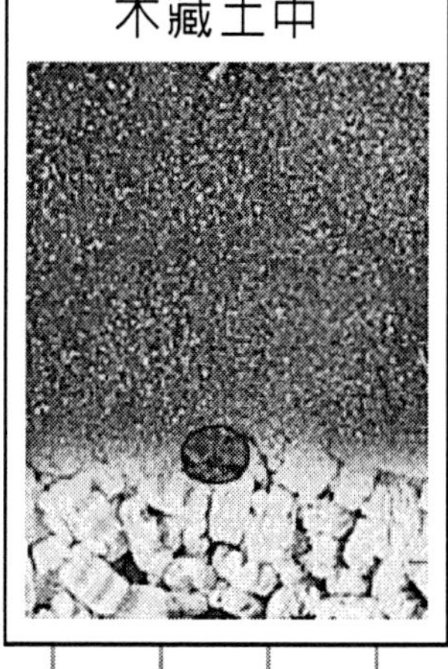

本命有一個壬水，有了水源，就能夠切割石塊和引水灌溉，絕不能低估這個水的力量，其實大得驚人，因命中的金剛強至極，這一片土如沒有太陽和熱能，便如濕地，妙在本命有丙火太陽，可謂天情氣朗，日照江河，絕對是一片美好景象。若說到灌溉，本命美中不足處，是沒有樹木，五行欠木，只藏在地下土中，有待發芽生長。

## 【氣象延伸　大運各柱】

本命的延伸大運，早段第一和二柱，是辛卯與庚寅，金水相生和支下的木，形成一幅奇怪的景象，未見綠化的原因是強力的種

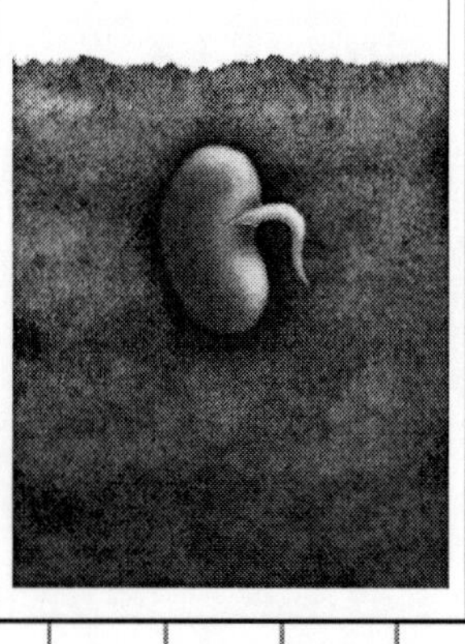

子，被外面的金屬雜質遮蓋了，以至樹木尚未能夠破土而出，但已經一早發芽，並開始生長，等待還要忍耐，要等待時機到來而已。

來到第三柱運的己丑，好重好重的一大片土地，支下又辰酉合金，似乎土金之勢滯塞了整個命局，但細看下，土生金，金生水，五行依然順生有情，住處落點，仍能水受益，於是能苦幹一番下，起起落落，成中又敗，得了又失，這正正如現實世界環境一樣，很難避免。

往後有一個大應期，反映了這張本來已很特出的畫像，

踏上更趨完美的狀況，這就是本命的第五柱大運丁亥了。

丁亥進入畫像中，構成了綠色的大自然景象，原因是丁合壬化木，支下的亥水補根，水木有情之下，樹木茂盛，金木水火土團結一致，五行循環的大氣象，代表了這個命主的大成功。

本命庚金以財星為木，這時便可以利用器具將木制成世間有用的成品，造益世界的各方。

## 山水氣象圖補運

本畫以前景和中景的一組樹木（木），為本畫的主要景觀，看去深遠而飄逸，仙氣十足，無如遠方更透一片樹林，木氣隱隱透出。

食 乙丑 殺
食 乙酉 卩
　 癸酉 卩
卩 辛酉 卩

◎命理操作第·5部曲

【基本氣象　四柱本命】

今次來看一個全局充滿頑金之命，辛酉時柱坐金，地下三酉合丑化土成金，金之強勢巨大，可謂銳不可當，這到底要怎樣去想像，又怎樣產生一張氣象圖呢？如果這是一個入格的命，即專旺格和從格，這會是一張獨特的奇景，可以用正面的思維去作聯想，但若不能從金入格而成正格命，即是一張極不協調，奇怪而荒蕪的景象，那只好採用負面的思維去作推想了。

本命如一個被棄置的大型場景，大家看過嗎？如蘇聯的徹爾諾貝爾、日本的福島和軍艦島等等，它們大都因為遭到「金」的破壞（核能、工業廢料等），而本八字的金屬多而無用，便等於是廢料。本來這個八字氣象圖，是有兩個花園的，但土地已被嚴重污染（酉丑合金），以致地上大量花草樹木無以為生，既無水源又欠陽光，大地一片昏暗，了無生機，這景象即使是任何一個大畫家都畫不好，因為這只是一個類似「鬼城」的絕地。如用傳統算命，這命亦很差，命有四個偏印星，食神為用，構成「偏印奪食」的重大危機。

## 【氣象延伸　大運各柱】

這個命能夠生存，很依賴其前半生的大運，看看所行的是甚麼？竟能挽救這樣一個命！本命由九歲開始起運，大運次序是：甲申，癸未，壬午，金氣尚有水疏通，但後半生的運行到辛巳，全局化成金了，乙木再無生機可言，此亦傳統命理中的「偏印奪食」，破局矣！

## 山水氣象圖補運

本畫有瀑布（水源），有一棵巨大蒼松（木），水有源，水下生起雲霧如仙氣，石上坐著一書生，給人一種休養生息之舒暢感。

劫 癸未 官
劫 癸亥 比
壬午 財
卩 庚戌 殺

◎命理操作第·5部曲

【基本氣象　四柱本命】

本命如要看得準確無誤，尤其是在大運，非常難，因為出錯的地方太過明顯，是非一般命師和學者所能駕馭的一個命。

壬水日元，生於亥水冬月，沒有太陽丙，是一條天寒地凍的江河，無如天干兩個癸水，天上烏雲降雨，下個不停，初冬寒雨濕遍大地的景象，正擺在眼前。

這時候最需要的是甚麼？就是火的暖流，和用泥土做好城市規劃，建立堤壩和引水道，令河水不至氾濫成災，且看本命的地支，有未土和戌土，很足夠的土，只是有濕土不實的問題，但命中有一個關鍵的午火，得到暖流，把濕氣緩解，只是合住了，始終不夠乾爽。

另一個很關鍵之處，就是時干上的庚金，這建立在地面上的一個載水之水庫，令到這個江河隨時決堤，造成大水沖入。如此的一個氣象，寫來自然不是好景況，造成的災害，絕對跟時運有著莫大關連。

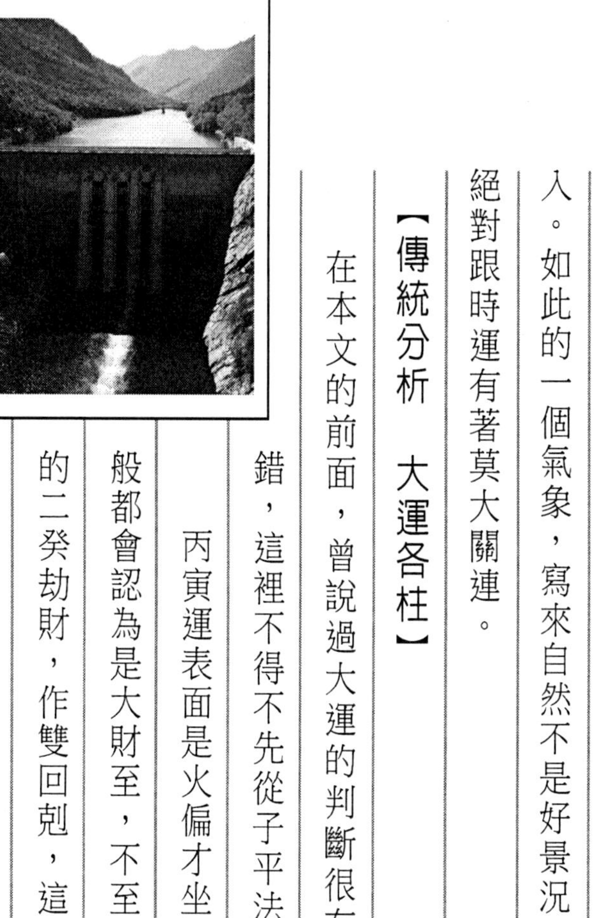

【傳統分析　大運各柱】

在本文的前面，曾說過大運的判斷很有難度，甚至出錯，這裡不得不先從子平法作六神分析：

丙寅運表面是火偏才坐雙財三合局，一般都會認為是大財至，不至原因相信是命中的二癸劫財，作雙回剋，這是筆者見過最嚴重的回剋，竟破了雙財坐局透天干，朱鵲橋

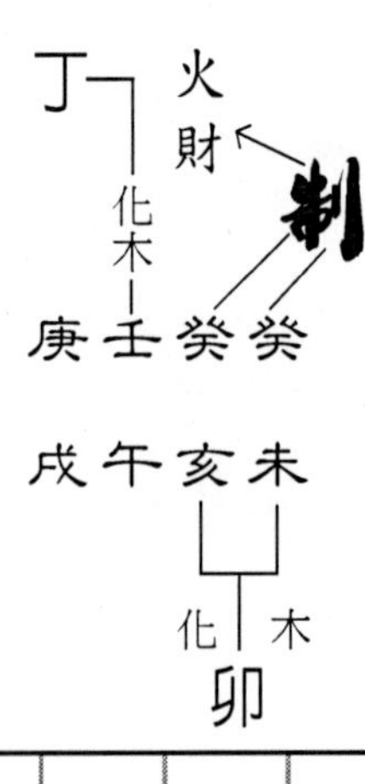


老師的回剋理論，真的是至理明言。

甲寅年，歲運流年入命局，與大運之寅同合去夫星，化財而去，可視為合走夫宮之夫星，但這很難看到不吉，甚至會當作是財生官。

丁卯運更難解釋，丁壬化木，卯則亥未三合木局，全方位的強木入命，身旺又有何不好？因火財出干，都有機會午火財不出干，出干又是被二癸劫財所制，故財亦有限。

至於戊辰運，真正身旺得七殺合住了兩個大忌神劫財，支下辰土入局，助起未土官星，沖開戌庫財殺，七殺主進取開拓，事業高飛發大財，其勇制劫財，竟有如此神力，此命真的非一般功力的命師能判得準。

女人命犯劫財，真的是命硬，刑剋重極，一定要先制去劫財凶星，但制了又輪到偏印作惡，受小人是非困擾，實在三忌劫財透干之命，終歸無情。

忌神

劫財　劫財
癸　癸
合
戌　戊
沖　辰

「回剋」，在朱鵲橋老師的命學理論中，就是這種現象，記住了，回剋即如本命，丙火歲運入原局，剋庚金，但庚金生水反擊丙火，令它無法進入，從而因福得禍，大家可要舉一反三，命中其它用神進入時，

都同一道理，大忌回剋，只會空歡喜一場之餘，更反惹禍端，不可不防。

這命如果命中有木，便可以轉化，即水不剋火轉而生木，可惜本命所缺的正正就是木，儘管這個丙寅運是火坐木長生，再支下寅午戌三合和午未合的火局，如此強勢進來，仍然是破局。

【氣象延伸　大運各柱】

若以子平氣象解說又如何呢？我們看看，大運在前面行的是，第一柱甲子，第二柱乙丑，強盛的水有甲乙木，即景像加上了樹木，雨水依然多，但畫中的優美是可以接受的，而且給人一種氣質的美，有丑土的規劃，水道尚算安穩。

到了第三柱的丙寅運，這正正是本命所需，太陽出來了，照暖全局，畫面是雨變細，氣溫暖和，寅木代表樹木開始發芽生長，這的的確確是一番全新的好景象啊。但這時的太陽被二癸水化成雲霧所遮閉，支下寅又為濕木不生火，依然是一片愁雲慘霧，未得生發之象。

及至第四柱運丁亥，丁火合入原局，與支下亥卯未三合木局，演變成全方位，全天候的大樹林，這雨中的森林情景，更是奇異莫測。

到了戊辰運，上天的巧安排下，進入一個全土的新紀元，更妙者是不再下雨了，因為戊的進入，合住了雙癸，而本命午戌未的火氣本藏在地支，雖然化火不成，但亦有上透之勢，當然化了火便是（巨財入命，今亦為財，但為藏根之財，屬儲備不動產居多）。

因此，這個戊辰運確實是個難得的好景象，只是陸地上情況卻濕土轉化，火土大勢已成，壯麗山河在望。然而這是個表面美好，內裡複雜的人生，何以美中不足？大家還要防那個庚金水庫，只要它一日存在，都會有決

堤的心理威脅。

往後的己巳火土官運，環境都不成問題，水得以建堤控制住，但癸水大雨又不斷下，加上第六柱大運沖堤不穩定，庚金在命又難以安康，故景象又回到雨景裡，只是偶得暖氣，並無大礙而已。

後運行庚辛金，再多了很多管道入局，只待歲運並臨，一旦排洪與決堤，便即成災，支火合住暖流失力，內心不樂，氣鬱難伸之象，此於圖象中亦能展示出來。

## 山水氣象圖補運

畫中有奇山異石（土），水流深遠（水），樹高而秀（木）雅致非常。

殺癸亥印
印甲子殺
丁酉才
食己酉才

◎命理操作第 · 5部曲

【基本氣象　四柱本命】

這個命不難判，一般以身弱用印生，即可判成好命，因雙酉金為地下水庫，發水之源，水勢得亥子透癸水出干，風雨加上波濤洶湧的地下水，沒有火來暖局，形成一片嚴寒雪雨之氣象，畫面過於奔騰，似乎要先止其水勢，再待樹木生

長，以等時機。

命中有甲木，有己土，土地和樹都有了，然而水多雨盛，如虛浮無根的小島，有待水退火來暖局，令土地堅固，樹木得以健康成長，因此這張圖像是較陰暗面重的，十分之需要陽光和樹木，木生火，火生土，三行順生，境況才理想。

【氣象延伸　大運各柱】

且看本命的首運，第一柱已經是癸亥，天地皆水，可謂一片汪洋無止，樹木有如雪上加霜，土地冰封，是一個苦寒的境界。

第二柱的壬戌，壬水合住了甲木，但總算靠戌土這一片土地，艱辛建造了堤壩水道。

到了第三和四柱運的辛酉、庚申強金入局，令水勢更無休止，而這棵樹亦在這種情況下，漸漸成長，有如雪嶺青松，畫面是淒美而特異的。

第五柱運己未，甲己合土，這是一大片山地，但畫面中僅餘的一棵樹木，都被大量濕土所侵蝕，土地也因太過寒冷而沒有生機，這是畫面最黑暗之時。

本命要等到何時方見到陽光和熱能呢？

要到第六柱和第七柱的戊午和丁巳運，這時可謂一片天青氣朗，冰雪已經溶解，畫像是山明水秀的，樹木和土壤都能洽到好處，生長得很茂密，形成一幅欣欣向榮的圖畫，人生至此亦達到美善境界。

# 山水氣象圖補運

畫中有深遠的山林（土木），天空的雲霧圍繞著一座座仙山，看得人胸襟廣闊，一種追尋理想的力量，從而生起。

## 命例呼應12

庚庚戌殺
丙丙戌殺
　壬申卩
印辛丑官

◎命理操作第5部曲

【基本氣象　四柱本命】

本命壬水自坐長生，這就如一個長流不絕的瀑布，地支的丑戌三土，就像是幾座大山一樣，已形成了一個自然壯觀的圖象，加上天干庚辛金透出了水庫和管道，將山地水流引導，土金互動規劃得好，本身已成就一幅甚佳的圖象了。

這命的另一個情況，是有太陽直照，火土較炎熱和乾涸，只因少了一樣五行，令此山水畫面美中不足，沒錯，就是樹木了，本命缺了至為重要的園林綠化，只待時運有木生長，此命方算得上是一個渾然天成的氣象。

但有一點必須注意，就是木來時，卻容易受到乾燥的熱氣影響，產生山火，此時便有機會把水道及規劃毀於一旦，因此木只能少，不能多，生長在水流旁邊的小花小樹，便最為安全了。

【氣象延伸　大運各柱】

本命在前半生的走向，是第三柱的壯年運，先行戊子，子水合入原局，與丑化土，上天早已安排好大片土地和大山，將水流引渡，送進一個仿天然的人工湖，能將水引歸自然，形成奇景，至重要的是土生金，金生水，水源不斷。

第四柱庚寅和第五柱的辛卯，尤其庚寅正合前面所說，要用少而不多的樹木園景，以添畫面優美，這個運庚金水，本能利用寅木開發更有用的

木材，以供應各界所需，能為世所用，但寅木暗沖本命之水源申金，暗示了地震天災等危機，也將會出現，並已伏下了引發的危機。

下一個運是辛卯，看上去好像簡單，依然是金水，似乎沒有很大的變化，誰不知支下的卯入原局，構成兩組卯戌雙合化火局出天干，借丙火而生起燎原之火，於是這個十年運，便艱辛了，因畫面是一片大山大水在山火之中，而所幸者，是辛金入局與丙火相合，火勢燒不到金之水道，可謂絕處逢生，此火勢止於地面，山上狀況仍能保存，以待天時。

第六和七柱大運，壬辰和癸巳，都能夠輸出水源，更形成了一條河流，令氣象更加龐大，形成多條大瀑布，因此在後面會是充滿氣勢的美景，這代表人生亦得到大豐收。

## 山水氣象圖補運

畫中有氣勢磅礡的高山流水和巨型瀑布，遠山引領著雲霞，帶出山嶺一片綠，給人有無限沖奔之勢。林。

財 乙 丑 印
才 甲 申 比
庚 辰 日
印 己 卯 財

◎命理操作第·5部曲

【基本氣象　四柱本命】

本命庚金生於申月，金強剛健，地支辰丑土，且出天干有己土，可謂是重土埋金，土旺金強，硬度彊化，必須用水來洗清雜土之下的金屬雜質，再用來供給命中的甲乙和卯木，本命有為數眾多，大片土地上己丑辰土上的廣大草原，只要一等雨水降落人間，便即萬物生長，而這張畫的壯麗草原，亦生長出各種樹木來，美景當前。

由於命中無水，只有一個水塘中金，生水有具，苦等雨來和水流到位，因大運的補干即主要有天干水，否則其餘一切都似是虛花，對本氣象並無大用。

## 【氣象延伸　大運各柱】

本命大運先行乙酉，乙庚合金和辰酉合金，整個局面都被堅硬的頑金所堵塞了，幾乎連氣也透不出來，只見甲乙木已被金斧所砍伐夷平，已難以有生機，那麼圖像中亦寸

草難生，一片肅殺。

再行第二柱運的丙戌，烈日再加地支卯戌合火燒通了頂，大地盡成火海，烈陽高升，令這畫面盡成焦土，強頑至極的「火焰山」現前，滴水熬乾，依然是了無生機。

跟著的丁亥運，仍見外面火熱，但地下已開始有水流入，外熱內涼，草木略有生機，但發芽生長仍需等待。

戊子運來時，已介壯年，申子辰三合而不能化，只合住，好像水儲藏在深深地底之下，沒法子運出地面，故難以

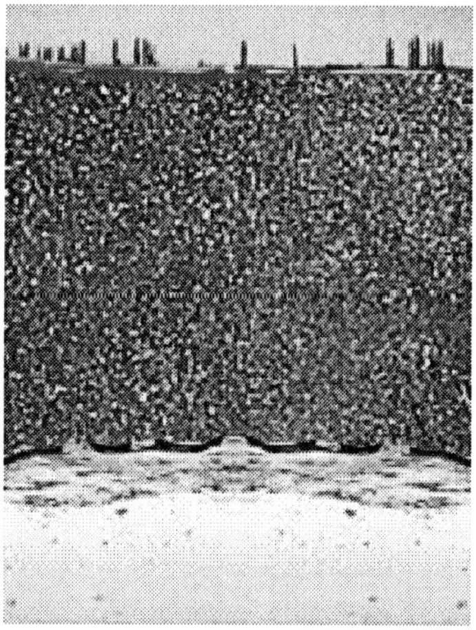

灌溉眾多的植物，可謂得水而無所用，只有濕氣能透過而已。

己丑土運更是填實了整個山地，水源無望，要至庚寅運才能生根，但經歷第六柱的天剋地沖，來一場地震，又把一切推倒。

## 山水氣象圖補運

畫中是一座大山，當中水流由山的各處，形成一個奇境，奇石在水的中央，與山石互相輝映，令人感覺到靜中有動，動中有靜的意境，有如一場交響樂曲之美。

# 第二章

# 八字入格的氣象分析

## 命例呼應14

官 癸卯 印
才 辛酉 傷
　 丁丑 比
財 庚戌 卩

◎命理操作第·5部曲

【基本氣象　四柱本命】

命屬火生秋月，火微弱不堪，必須要靠木來維持生命能量，也需要火的和暖，木的功能更可發揮於生火取暖，這是個很合理的人之常情，至於這個命的景象是，沒有火，但就在暗處收藏了一些枝葉「乙」木。

於是這個火便要窮一生的精力，去尋尋覓覓，追求木火相生，又或只能等待木火齊來了。

先看形勢是主動取得，還是被動而得，本命其它的五行形勢，除了無火和木少外，還有強大的酉丑合金，成為地下金屬庫，外面更有無數金屬佔據著丁方小地戌土（丑土合酉化金），上有些水氣霧氣，潮濕而令金屬生鏽無用，那弱小的枝葉就是依附在潮濕的金屬上生長，可惜金之原素會把木侵蝕，小草小葉遲早都要枯萎（酉沖卯）。這個是甚麼景像，相信大家都想像得到，根本就繪不出

圖來，氣氛甚為負面。但問題來了，首運是庚中，一個干支連氣全金的運，令到生機全無，於是這個畫像便完了，一起步便畫不下去，又那裡去得到第四運後，火木連根的好景象？

於是，這個命是否又有需要反過來，從另一個角度作正面分析，亦即以「從格」論命，這時負面的形勢將倒轉過來，變成正面，且試試看！

【八字入「從勢格」的氣象分析】

入從格之火命，圖中會是一座金碧輝煌的宮殿，坐落在一個很獨立的國土上，能自給自足，不假外求，但也有一點

顧忌，就是怕留有火種，令到這座宏偉的堡壘遭到火劫，因此在這座建築物的地下倉庫，所儲存的枝葉木器，便成為隱患了，幸好本命有著雨水的滋潤，濕土並不容易讓火生起，因而這仍然是一個值得觀賞的宮殿畫面。

【氣象延伸　大運各柱】

因此，本命會出生在一個富有且具家勢的大家族裡，前半生都很順景，反而到了下半生的火和木運時，這畫象便漸漸退色。

最後，這個命太接近五行的交界，一般

正格
**窮**

從格
**富**

命師很難鐵口直斷是正格還是入格命，本來只要仔細一看其早年家底便可得知，但此命九歲起運遲，年柱只能略窺一二，坐殺印，屬於喜忌同柱，要到九歲行財運連根方知，入從格便富，正格主窮，氣象之兩極是頗明顯的。

總之，這種極端天氣，既難測又難繪，是算命中最難處理的，難在分別生氣與無氣之間的取捨，如以學術出發，不防正格和從格都各開一個命盤計算，而氣象圖畫亦繪兩張，方算穩妥。

畫中是秋天（金）的紅葉，鳥兒（金）站在樹枝上，令人隱隱在腦中勾起清脆的鳥聲（金）。

按：傳統西金視為禽鳥類，其次音聲亦為金。

## 命例呼應15

財　己未　財
傷　丁丑　才
　　甲辰　才
才　戊辰　才

◎命理操作第·5部曲

### 【從勢格　的氣象分析】

本命屬於一個「真從財」入格命，八字屬木，這木處身於四方八面的土當中，而且土得火之焙養下，本身的木氣都完全附在這一大片土上了，木的本質都變成了土的風化，如此的一個景像，會是一幅有很多大山，大地，卻無河水，有如一個大峽谷，宏偉的奇觀，這令人賞心悅目。

這麼一座大山谷，所需的又是甚麼呢？此命無金，故有了金礦便是很珍貴的天然資源，皆因可以去尋寶，畫面亦變得豐富起來，會加入不同的建築物，更令這幅畫顯得富麗堂皇。另外也要得到太陽光照耀整個山脈畫面。

因為這命是真從，真從與假從的分別，在於真從沒有破壞山谷堡壘的水木原素存在，假從便有，當遇到下雨或海水入侵時，真從影響較少，假從則非常大。

## 山水氣象圖補運

畫中的山勢奇特，樹高而密集，一位高人異士獨坐石山之上，令人豪氣干雲，心生豪情氣概。

比庚午官
食壬午官
庚午官
官丁亥食

◎命理操作第5部曲

【基本氣象　四柱本命】

一看而知這屬於一個奇特的女命，支下三午自刑，遇子三沖，見寅四合木土，遇壬、丁坐卯、寅，天地化合成財，命帶四官，透出，書云：一夫一夫又一夫。

以上是傳統論命法，而此庚金女屬於從格之命，又當別論，一比透干虛浮，假從勢格成，官多主異性助緣旺，在這裡如不用傳統而以氣象觀命，又會得出怎樣的一種情況？

庚金命主，生在炎炎夏日，熱浪迫人下，這還不夠，其地下並排三個午，是一個地下火山，雖然地下有水湧出外面的水塘，但也被火所浸，無如命中丁火透出，代表這些水已成為了火山熔岩，包括庚金的物質，都混於水火中，一同溶解，命中無木，即使有亦會化作飛灰。

本命就是這樣一個奇異景象，尤其是入格，因此我們可

以用正面作畫和反觀這個令人稱奇的大自然驚人景象。

本命三個午火都屬於正官星，從丁火出干，亦代表一件事，這個火山為本女命之男人，且每一個都堪稱強者，因命無土填實，故能食夫之福，但桃花就明顯頗多了。

【氣象延伸　大運各柱】

於是此命的各柱大運，都要順著這個似乎一觸即爆的火山，而且是不能逆轉，所謂順者昌，逆者亡。

看看其命十歲起運，順序是：辛巳，庚

辰，己卯，戊寅，丁丑，丙子，乙亥。

可以看到的是，本命前二柱運透金，三和四運行土，故而前半生，這圖象並不如想像中輝煌，只是個睡火山而已，因土晦火光之故，但中年有地下林木生火，仍能有火官之依靠，真正是自己的運看來沒有出來，而七柱大運沖堤之時，更會引發天剋地沖，正是火山大爆發之時，到時畫像便很激烈了，這實在是一幅無比壯觀的景象，本命其時會爆發巨大光輝。

## 山水氣象圖補運

畫中一隻蒼鷹（金），站立在古樹之上，環顧四方，目光銳利，只要牠抓到目標，隨時都會振翅高飛，一擊即中。

## 【專旺格與從勢格的氣象形成】

關於氣象法無法避開一個話題，就是專旺格和從格的特別命格，要如何理解呢？在「子平百味人生」一書上，提到，事實在理解上是有些難度的，但我們可以把特別格局的命，視為一片特別的景象，把它如實地繪製出來，更可以看成是一張奇異的妙境、一片冰川雪景、或火山壯麗、浩瀚的沙漠平原、茂密森林等等的奇異景象，這當然與正格的圖象會有所分別，但由此亦可探知人生中，一張特別而難得一見的奇景，也代表著奇逢際遇，擁有獨特的人生。

何謂專旺格，相信學命有一定基礎者，都會知曉，但就未必每個人都能應用隨心，這都包括了從格命，因為這兩種命都是極端的，所謂物極必反，這道理是難明的。簡單來說，八字干支全屬生助日主的自黨，或只有一個浮干或藏支而沒佔月令，便可以判定為專旺格了。

那麼在氣象上又要怎樣看待專旺呢？首先要看旺助日元所屬的五行屬性，是：金木水火土的那一種，然後不是要削弱，而要再生起它及助旺它。

比如說金，金入專旺格者，便要將整個畫象都定義成金器，往後的一切都要以優化這金為主，只能生助，不能逆其氣。

例如土生金或金助金，不要火剋金和水木洩金，這和從勢格的分別，在於從勢格是從異黨，即是從削弱日主我的屬性為主，兩種格局都與正格相反，專旺要更生旺，從勢要更削弱，與正格的旺者削之，弱者扶之的取用法則相反，這點在學命者而言，要達到中級程度方懂得運用。

比如說專旺格的水，一定是強盛無比，如壯闊無邊的海洋，巨大的大瀑布，又或是勢不可當的猛烈水流，連場暴雨不止和雪嶺冰封等，全屬極端天氣現象，且大運也要助旺這個強大的水勢，如此畫面才算是完美，其餘五行木火土金亦然，能得命與運互相呼應配合，專旺格更真。

# 山水氣象圖補運

畫中是雪嶺雲霧，連綿不絕的雪山，形成一個令人驚異的奇景。

## 命例呼應17

比　庚　午　官
印　己　丑　印
　　庚　辰　卩
財　乙　酉　劫

◎命理操作第·5部曲

【專旺格」的氣象分析　四柱本命】

本命的庚金日主，生於丑土月份，干支又有己辰二土，故生金之力甚足，是壯旺而強大，且有來源的強金，再看天上的乙木，成乙化庚金，這令庚金這個氣象更銳不可當，如果它是一個武器，可謂無堅不摧，若是一把絕世的寶劍，必

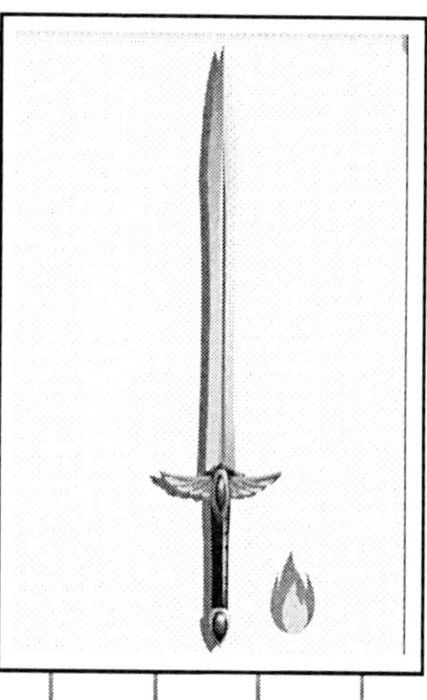

定是削鐵如泥的神器，於是我們可以把它制成圖像，令觀賞的人異口同聲地讚嘆。如此的寶物，最怕是火災，被烈火燒熔，看此命有一個午火，亦有危機，但都被支下丑土化解，因危而化機，更添這畫象的土金建造力量。

所謂舉一反三，專旺的水，木，火和土，都是用這樣的方法，作極端氣象分析和拆解，自可括然開朗了，讀者可按此而繼續研究，日後筆者還會再開發更多命例，以供參考，本段就點到即止。

## 山水氣象圖補運

畫中是一個異常奇特的山峰，而且山上長了不少奇樹，堪稱奇景。

# 第三章

## 亦師亦友師生同學會

## 談氣象

主持：易天生

學生：日出，曾志玄

# 命例呼應18

殺 丙申 比
食 壬辰 卩
　 庚申 比
傷 癸未 印

◎命理操作第·5部曲

## 【學員的特別命例提供】

為了再作進一步探索，四年前在易師亦友的討論區上，打開了氣象話題，由易天生老師，帶領同學日出和曾志緣，繼續「五行形象圖」的探索，乃至現在的「子平氣象圖」。

易天生：「你們有否特別命例，可用於討論及繪製五行圖象的嗎？」

曾志玄：「要很有特點的命嗎？」

易天生：「身邊熟識的人八字也可以。」

日出：「那可以討論我手上的一個八字嗎？」

易天生：「那嘗試先定日元所屬，再看生於何月，且不用計六神，純用五行調補來作簡評。」

日出：「但易老師，我不知怎樣從八字氣象上講性格。」

易天生：「先不論性格，只管從五行分析形勢，以日主為中心，再與旁邊與坐下等干支作比較，當然月令季度至為重要，例如你題出的八字：陽庚金，支下二土二金，生土月，這個金如何？又有甚麼得失？其它干支又有否解救等等。」

日出：「庚生辰月，金有土生，是為相。支下兩土兩金，金土相生，互助有力，天干兩水泄金，可謂中和，然而天干之水剋年干之火，最為不利。直覺上，失勢，得令，得地，應屬身旺，但事實是身弱，我的理解是兩申一辰一壬拱水局，令身旺轉身弱。」

易天生：「大家用傳統分析沒錯，但卻一點感覺不到圖象，我們現在要談的是圖象分析，要能夠繪圖出來方合。」

日出：「師傅，我不懂得畫圖啊！」

易天生：「那就用想像力寫出來吧，例如這樣，先形容庚金是如何的金，坐在兩個強土上又是怎樣？金中帶長生之水又如何等等。」

日出：「明白，要易於從五行分析中作圖。」

易天生：「萬事皆嘗試，應該不會太難，記憶中，在上課堂上，偶有說過這種計算模式。」

曾志玄：「我記得課堂上，有談及滴天髓古今釋法書內的圖象。」

易天生：「此書是先繪圖，後寫內文的，還記得我這部筆記小圖冊嗎？畫滿了全書的插圖，這等於是圖象命法的雛形。」

曾志玄：「那我們真的要重溫此書了。」

**山水氣象圖補運**

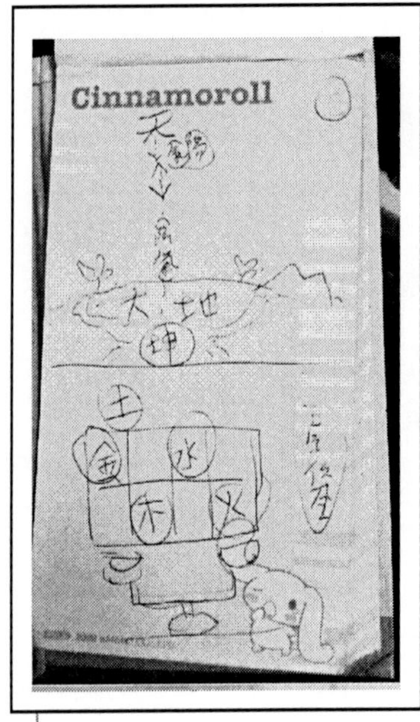


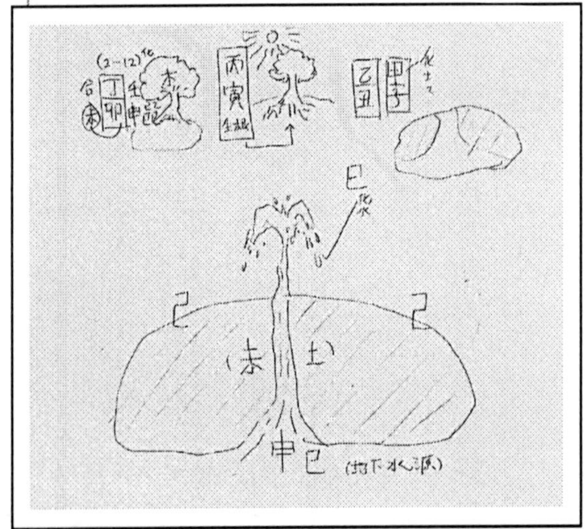

殺 丙申 比
食 壬辰 巳
　 庚申 比
傷 癸未 印

◎命理操作第·5部曲

【四年前　命理圖像分析】

1　重土強金，生於春土月份，下有重土，土太堅硬剛強，旺土生金，金亦很堅剛壯大，生秋漸寒且肅殺（畫面是：一塊很強的金佔了很大的畫面。）

2　透壬長生水和癸雨露水，能清洗這塊過於頑強的金，將這金柔化和收細至適中（即吐秀及有情）。

3　丙火太陽初升，喜得日光普照大地，生起暖意，令環境有生機，只待種子（木）進入生命，便能夠在這張圖像上：畫上樹木，這畫便開始有生氣了。

總結：此命以（食傷）自由至為珍貴，比之金錢更為重要，只要有水生木便一切皆吉，是為一生所追求的正向。此圖象沒有樹木，這代表是個有欠缺的人生，如有了花草樹木與太陽，畫面便十分之壯麗，五行亦齊備、五福俱全了。」

易天生：「大致這樣吧，還可以再組織好一些，由這個願

①
丙
暖局
性堅剛
(金)
清洗壬水
癸水
洗擦
金
申
未
申
辰
臨官
臨官
重土弱金

境，可以探知本命最終可獲得幸福，至於如何建立人生美境，便須要觀大運之配合。你們嘗試自行分析大運，但記得心中有畫面，盡量不要純用文字。」

日出：「師傅講得很好，是的，如果天干木到，便五行流通，生活和身心自然暢順，此命今年六十六歲了，下一個大運才有木出天干，哎，這命操勞了一輩子……」

易天生：「本命第五柱的丁亥運合壬化木，支坐亥水，可先試用此運對應一下其生活與身心境況，順帶求出影像。」

日出：「現在她行運都不錯了，沒有之前操勞，生活上，過去日子也未必有現在般過得安逸，值得細味成果。丁亥運2

002至07年間，起首的四十六歲流年丁亥，丁壬化木財星，天干木到，此運夫妻二人在投資上的收穫頗豐，先是認購中移動股票，在高峰期賣掉，賺了最少六十萬港元，用這筆錢還清了樓按，夫07、08年在股票賺了幾百萬，讓其能夠於09年退休，以今天眼光，這雖不算什麼，但確能讓妻獲得財務自由。」

曾志玄：「師姐所述的天干之水，剋年干之火，最為不利，若形象化，可視作雨雲蓋日，大地偏暗而寒冷來形容嗎？因為火無根，很像是微弱的一線陽光。」

日出：「是的，我亦知道這火的重要性，就以第一柱大運的六歲辛卯來說吧，辛合年干丙火不化，卯合時支未土不化，丙火之根在未土，還有未土印星是用神，辰土太濕，沒了陽光，沒了未土的支援，這命主的生活令人難以置信。」

【基本氣象　四柱本命】

**大運**

第一柱：辛卯

第二柱：庚寅

第三柱：己丑

第四柱：戊子

第五柱：丁亥

第六柱：丙戌

第七柱：乙酉

## 印証命主之驚險際遇

### 第一柱運：辛卯

日出：「本來父母都有高收入（以當地生活水平計），但她六歲就要出入垃圾堆，找銅錢豬骨來賣，然後存錢買筆盒。

每日天未光便在街邊拾東風螺來餵鴨，讓它生蛋給家人食，掃樹葉和給婆婆燒飯，又幫父親除甘蔗葉，十分艱苦。當時在廣州，而廣州人很少幹這些苦差。

辛卯運裡的十四歲，由於父親被定地主成份，全家被逼離開廣州，到湛江陽春縣當農民，除了沒有收入，還要做農務，做農活、住牛屋、沒水沒電、沒廁所、沒肉吃，但有一點尚好的是，仍可繼續讀書，在讀書方面從小學到高中，從來都是名列前矛。」

易天生：「這明顯是遺傳之力，命中祖基的年柱申金水庫，乃天干壬水食神長生之水，父母宮又申辰捧水局，出干有壬癸水，身旺而暗生吐秀之功，乃才慧聰敏之人。」

日出：「果然是啊！其父母都是高級知識分子，父親是經濟系大學畢業，母親是正規護士學校畢業，那個年代很罕有。」

易天生：「早年卯木合未而不化，庚寅運又寅沖雙申，都是木不能出干，難以出頭，有種子但無養份，蓋頭有命中強大剛強的頑金，其父星又見暗淡，重金剋木⋯⋯圖像甚明

## 第二柱運：庚寅

易天生：「第二柱庚寅，更天剋地沖年柱丙申，年柱沖根大動搖，令重要的水源震盪，險象環生，這又是何種人生沖擊

| 殺 | 食 | | 傷 |
|---|---|---|---|
| 丙 | 壬 | 庚 | 癸 |
| 申 | 辰 | 申 | 未 |
| 比 | E | 比 | 印 |

庚寅（天剋地沖 → 丙申）

呢？這似乎是一種吉凶並見，絕處又逢生的際遇。」

日出：「1972年十六歲庚寅運，寅衝雙申，經歷了戰爭般的冒險，而當時還懵然不覺。十七歲畢業後不能再讀書，心生不憤。

她大哥71年偷渡香港成功後，亦有樣學樣，天天練習游水，出入廣州，拉關係想偷渡，在二十一歲第二次偷渡成功。其中艱難險阻，數不勝數，漆黑中走過崇山峻嶺，叢林峽谷，逢山過山，遇水趟河，還有一個六千米的大海，在冬天十二月要渡過，亡命天涯，這一切難關竟都跨過了，幸運地存活下來。

庚寅運二十一歲到港後，和朋友合租小房，日間到電子廠打工，晚上讀書，從英專讀起，繼而商科及會計等多項科目。

在港生活開始時沒半點開心，深知與社會普通水平的差距太大，未知能否趕上，真的很大壓力。」

曾志玄：「真的很不容易，或許之後成功都是迫出來的。」

易天生：「命中的用神就暗藏於雙申之中（喜忌混合），暗生天干水，這寅以一沖二，水源震盪，所謂生死盡在一線間，故以純五行來觀命，亦能得到很簡明的訊息，相信是寅

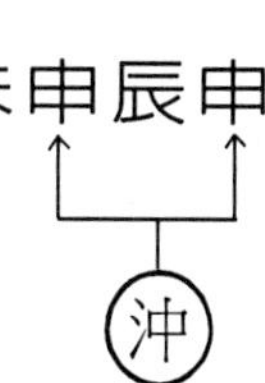


木喜來沖忌，又逢庚金生水，故有一線生機，但已很凶險，能夠過得此關，實在與因果相關。」

日出：「她從今天冷靜反觀，做出了簡直不可能的事，或者說不應做的事。在寒冬十二月底，用自制的橡皮艇渡海需要五小時，這要多夠運！試想，如中途漏水的話，在海上那有不凍死！自制橡皮艇也沒有測試過，因怕太張揚被抓，只能吹漲後見沒泄氣便算，多麼危險！

易天生：「這都是可以用形象五行觀，若以水為忌，便必蒙

# 自由

難矣，因此確信是水救了你一命，加上水為生木之本，食傷又是自由、理想和意志，反映命主之奔向自由，這一切都是因。」

曾志玄：「想不到五行推算可以去到這一步。」

易天生：「其實第三柱的己丑運才是要分析的關鍵，這個是壯年期，行土運，到底會有何事象？此運可幸土金生雙水，又能凶中化吉，實為命運之奇！」

第三柱：己丑

日出：「踏入己丑運，1982年的二十六歲，是人生好運的開始，那時在港已考到多項公開試，已開始在中環、尖沙咀寫字樓做會計員。1984年香港樓市因中英談判而低迷，二十六萬買了德寶花園一個單位，其夫則開了間小型洗衣店，家庭收入穩定。1987年到美國生女，七日後回港，兩個月後到一間美國上市公司工作。1991年又細屋換大屋，買了沙田地鐵上蓋新城市廣場一個單位，這單位是財富的基石，由己丑運開始，由一窮二白到有樓，有自立能力，細屋搬大屋等都是在己丑運，以物業投資帶來財富。」

總結：「在己丑運大體上很開心，中年得志，心想事成，當中去美國生產，心情很差，但亦有貴人相助，渡過難關。」

曾志玄：「我也發覺到物質和快樂，未必是掛勾的，故人在物質缺乏時，心靈充實富足，發富後卻無比空虛，可能物質是喜忌，而快樂意義則和調侯五行比例相關。又或者看行運的是什麼六神，是否心中所想所要的。」

易天生：「對，應作如是觀。」

## 第四柱：戊子

易天生：「子運一子合雙申，化水出天干，又是怎樣一個情況呢？」

日出：「戊子運是逆運，子水入運合化兩申一辰，是運其父母過身，夫返大陸做生意折損歸來，損失四十萬，幸止損得快，無手尾跟。」

易天生：「應先看自身。」

日出：「她在這運工作因家搬到天水圍路途遠較辛苦。因沙田樓價飛升，於戊子運93年賣了沙田樓，一開二，在廣州買了個鋪，更有餘錢在天水圍買了個單位，而在廣州的鋪，當期時烏燈黑火，近乎死鋪。」

易天生：「命中無財缺木，故起了投機炒買之心，保值已是其次，自當起落無常，很值得反思戊土偏印蓋頭之害。」

大運談到第四柱，這裡暫且不表，大家的話轉入更深層次。

## 【對命理的反思】

日出：「細味師傅所描繪的畫面，如果有木，山中有樹木陽光和雨露，金被河水衝洗而亮，便形成一片自然和諧的景象，但可惜八字缺木，亦揭示了此命父親的遺憾，於是，那畫面就變成大石下的金，被瀑布沖洗，仍然光亮，但過程就充滿挑戰激盪，非溫馨自然鳥語花香的圖像。」

易天生：「講得好！這正正是各人有各人命數，及命中所缺所需，已接近本命的真義所在。天地萬物，皆有其功，但見有所欠，亦有比人豐足，有人從北方水入格，是地球北極奇

觀，換個角度來看，這更勝鳥語花香。總而言之，看命須要宏觀、世界觀，還要開心眼。」

曾志玄：「我想起了，之前上堂是有教過的，暖意這個意象，是主觀還是客觀？辰月可能算是暖的，但局中金水偏多，而丙火有餘氣的根卻不算強。」

易天生：「根遠且微，此命別用生根這種觀念了，要用想像，腦裡有畫面，陽光丙火是有，但常被癸水雲雨所遮蓋。」

曾志玄：「明白了，由想像出發而不是計算。」

易天生：「用感性多於理性。」

曾志玄：「真的是一種作畫的思考方式。」

易天生：「能跳出自我的框架，從客觀第三身來審視一個命，方能有真知卓見，現在的討論，大家始終擺脫不了功名利祿等關注點，仍止於往常的認知上，尚未能進入氣像法的層面。」

易天生：「不防看看我對本命的最新分析，留意在觀點上已有頗大改變。」

殺 丙申 比
食 壬辰 卩
　 庚申 比
傷 癸未 印

◎命理操作第·5部曲

## 【重新認識這個命】「子平氣象」全新分析

本命屬金，支下辰未二土，擁有一大片壯觀的土地，有兩個巨型地下水庫，有豐富的地下礦產和資源，有待開採（木深入土中）。

再看天干，即地面上的境況如何？外面是一片汪洋，水

勢沖奔，同樣是個很壯觀的大海，而且不時下著綿密的細雨，春雨綿綿之景象，似乎形成這冷清畫像，原因是缺了木。

無如畫像上加了一個丙火太陽，這令本來的天地有了光明，有了生機，怕只怕是時有烏雲細雨，太陽像是隱閉起來似的。

於是這張畫像，太陽的光和溫暖，似乎就是本命的重點了，但我們不能忽略一點，這個近乎江河決堤的景象，必須要有土來建造堤壩，做出規劃的引水道來，這才是本命當務之急，其次當然是要有火來將土結實，不能是濕泥與爛泥。

如是者，樹木才有條件生長，因本命缺木，以致景象淒清，當有了樹木園林出現，即代表這是一幅大氣磅礡，美境當前的佳畫了。

還有一點須要注意的，是本命土金表面過於剛硬的問題，但天干的陰陽二水，坐下雙申金水之長生，和辰土水墓庫，上下相接，金水氣通，故金屬內剛外柔，並不構成障礙。

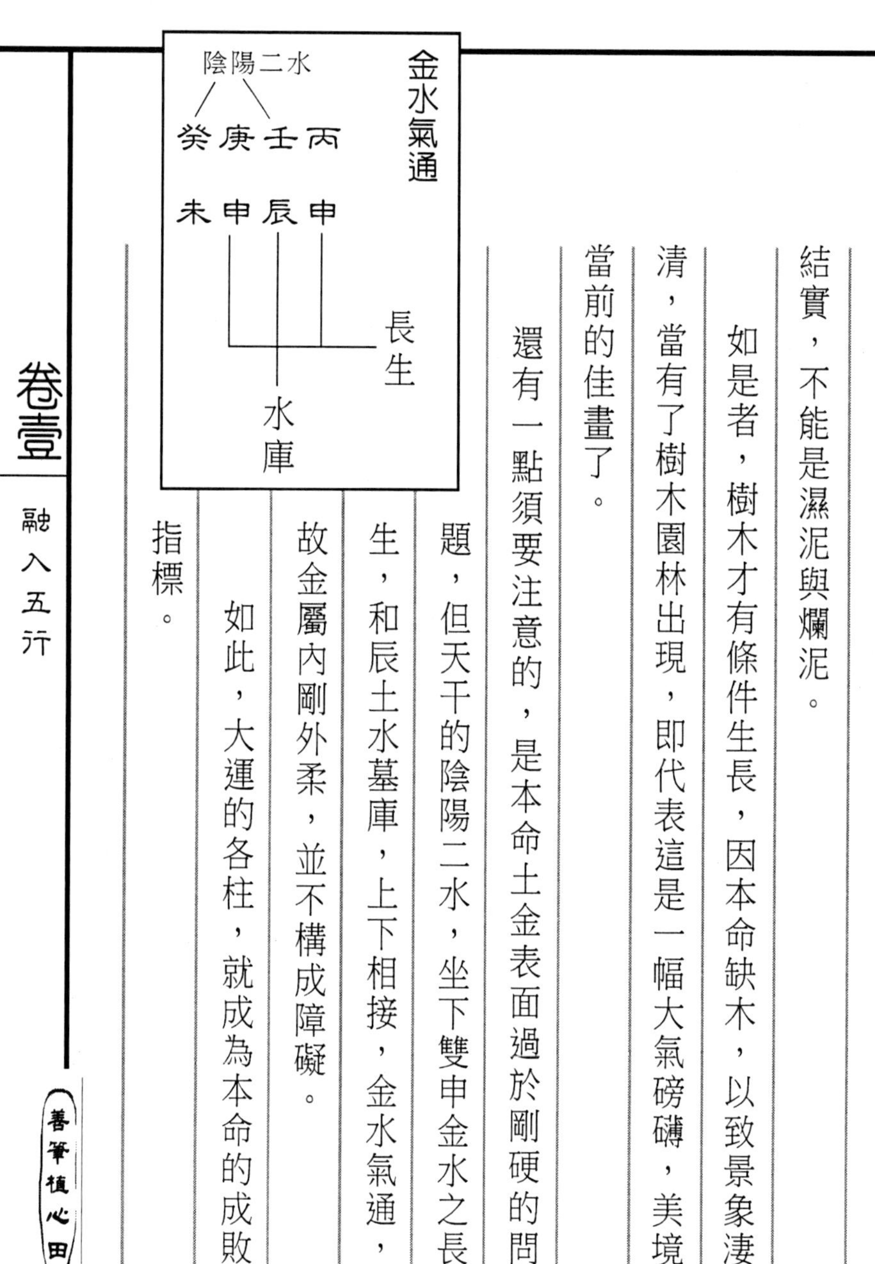


如此，大運的各柱，就成為本命的成敗指標。

## 山水氣象圖補運

在奇石之上的奇樹，在夜靜水中浮現，在月亮的光映照下，更加悽美動人。

## 大運

第一柱：辛卯

第二柱：庚寅

第三柱：己丑

第四柱：戊子

第五柱：丁亥

第六柱：丙戌

第七柱：乙酉

**【氣象延伸　大運各柱】**

第一柱大運是辛卯，辛金入局合去丙火太陽，全局賴以維持的一線光明頓失，而卯則與未合住，失去木性，於是畫面全局失衡，是一片混沌，水冷金寒的境地。

第二柱運庚寅，是成長少年期，庚金頑強地與原命產生了重大變化，原因乃大運「天剋地沖」年柱丙申，丙火陽光剛出來，又逢沖，首先是寅申雙沖，水源受到擊盪，應該是屬於大地震，天地動搖之象。本運畫上的氣象是變幻莫測的，金氣雜質令樹木未能發芽成長，但

寅木種子幾經磨難下總算種下，有待土壤陽光和水份，在適當時方得以成長。

第三柱運是己丑連根的土，上天賜與一大片連根的土地，規劃水管通道（金）及水庫，把地面上的河流引導疏通（土金水三行順生），於是畫面有了一個原整的土地及河道，先前播下的種子，在地上也開始發芽生長，只是未見茂盛，畫面上開始有規模了。很明顯是艱辛開拓時期，偶有沙石阻路卻無大礙。

第四柱的戊子運，土和水一同入畫，這又是怎樣一個境况呢？戊癸合住了不成化，即雨水收乾而只剩河流，是景物清顯之象（合一留一），地支子水異常強大，一入來便成兩組申子辰三合水局，這意味著洪水泛濫，土崩瓦解的一場水災的發生，木與土都沖去了不少，只剩儲存下來的，幸好命中的太陽，仍能發光發熱，映照江湖，但很多東西要重新來過，景況與前相形見絀。

第五柱丁亥運到來，便是應期之時，待前運的水患過後，轉變成丁運帶著火的暖意，來到與壬合化成木，於是立即開花結果，不覺間

樹木成林，自然天成，是一個天然的美景當前。

亥水是河流進入地下水源，所以樹木有源源不絕之水來供應，生長得愈發茂密，新的種子和物種接踵而生，而木材又可借土金之器，製造成各式精品物器等，換來一幅異常豐富的氣象，有山有水、園林樹木，更有庭台樓閣，可謂美不勝收。

第六柱是沖堤之運，人生的大轉移，丙戌太陽升起，遇上了命中的癸水雲雨和江河水氣之上升，太陽下降，火坐戌土墓庫，熱力凝聚而內斂，尤如易經第六十四卦中，天地泰的卦象，「泰卦」卦象為天地交泰，原本在地下的坤陰上行，天上的乾陽下降，天地之氣互相交合，畫面是由動而歸於平靜，氣象是開拓新生與轉營，但更重要是於戌土的內心掙扎，是一個屬於外靜而內動的境界。

以上分析跟四年前的分析，是有些分別的，大體沒有變，但就比較細緻，沒有再停留在當初的旺弱操作裡，大膽採用了完整五行本質推演氣象，同時將八字與大運完全圖象化，由起初不取大運而逐步延伸，進入原畫命局中，於是更難的命終能解通。

我深信這種反樸歸真的新氣象法，肯定可以繼續發展下去。這時的日出仍有不明。

日出：「師傅，對於這個八字，爭論點在水拱局，病在辰字，土不真。」

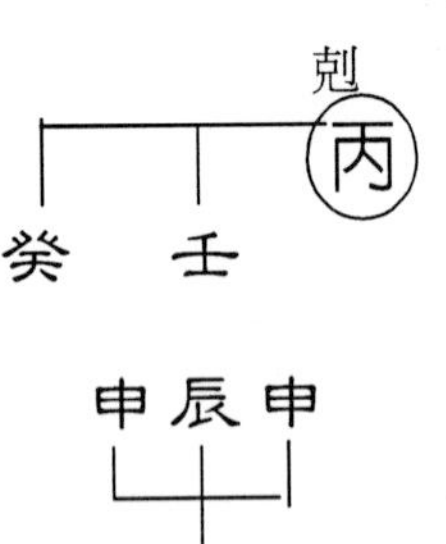


易天生：「關於辰土，也非病，我已把身旺弱觀念放下，如真要說病，病在命缺木，若要論真，土洩於金也只能論洩，捧水局應在子運，亦無爭論處。本命丙火可論為「不真」，因受壬水剋和癸制，支下又捧暗水局，但丙火沒有犯回剋，天干沒透「庚金」，否則便易破局，因此，丙火於此命實在太重要了。」

日出：「缺木，跨不過的濠溝。」

易天生：「時也，命也！」

總結：「於此命，可定義：水主情，木主恩，火主義，土主奮，金主頑。」

易天生：「還有否準備其它命例討論？如沒有，或許重讀我的滴天髓古今釋法，吸收書中的圖象解說，再來細玩氣象推算吧。」

曾志玄：「我手中命例較清楚其人狀況，會更易於表達。」

易天生：「那稍後再作分析，你們先用我的方法去試作一些命圖，下次帶回來一起研究。」

| | | | |
|---|---|---|---|
| 食 | 乙 | 丑 | 殺 |
| 官 | 戊 | 子 | 比 |
| | 癸 | 巳 | 財 |
| 食 | 乙 | 卯 | 食 |

◎命理操作第·5部曲

【曾志玄繪制　命運圖像】

曾志玄：「這是我理解的五行形象圖，看是否和此命有點相似。」

易天生：「做得不錯，試用文字順次序逐一寫出氣象來。」

曾志玄：「癸水命靜態水，生於子月天寒地凍，接於冰點，

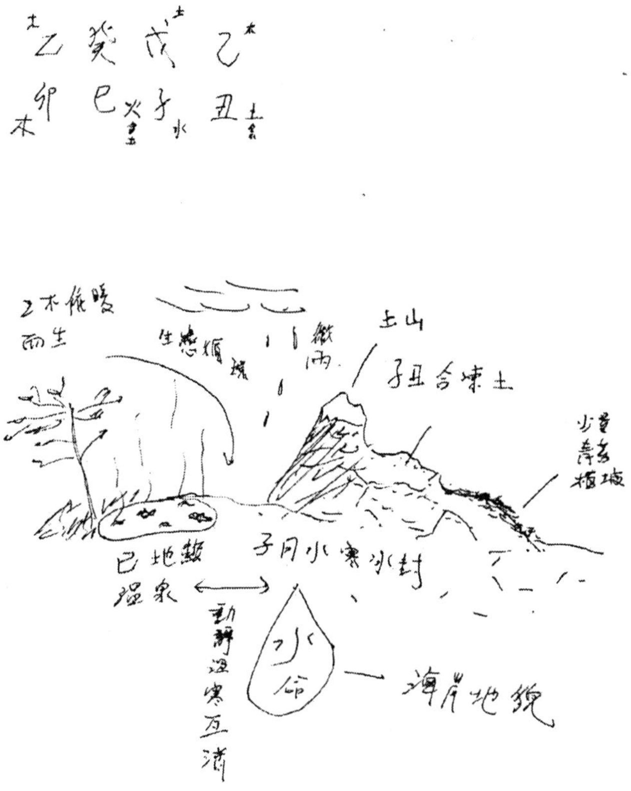

# 八字五行氣象圖補運

乙 癸 戊 乙
卯 巳 子 丑

乙木能暖而生
生態循環
微雨
土山
子丑合凍土
少量青苔植坡
巳地熱溫泉
子月小寒冰封
動靜溫寒互濟
水命
海岸地貌

戊土大山坐子丑合成凍土，冰封不動，乙木少量苔蘚頑強生存。巳火不透，地熱帶暖，熔冰成溫泉，水蒸發成雨，潤澤萬物，循環不息，乙木坐根傍溫泉，依暖而生，不動冰山和暖水綠洲，形成了對比及互濟。」

日出：「看著看著，主角變成乙木了，癸水才是中心，那麼，癸水的終局會怎樣？」

曾志玄：「我的感覺是，癸水為整個北方的海岸線，大畫面有山，未至於荒蕪，有些暖意而有植物能夠生長，整個結局是水，雖然冰封但仍有生機。」

易天生：「這命難於用五行形象去解釋，因很多不連貫處，但都試試吧，未必能解得透徹，但我相信不久的將來，定有更完備的圖象學理支持。」

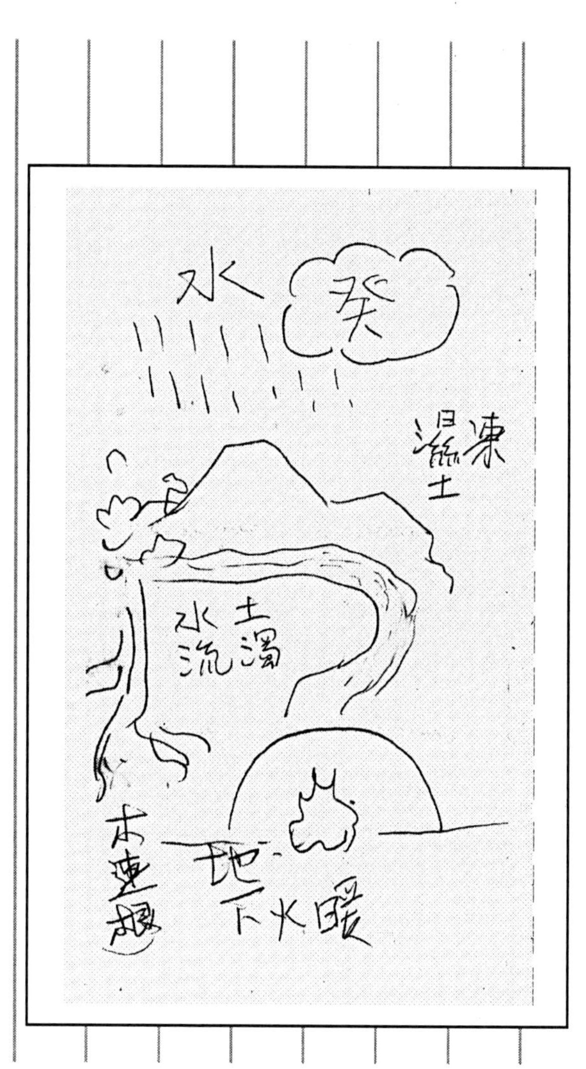

【四年前的 圖象命理簡評】

1本命屬水，濕土水冰凍，且混沙石，有如雪地，風吹細雨雪下，是為外境（畫面）

2土地中生滿了奇花異草（乙卯木連根），內裡亦有珍奇異木。

3命中無（金制木），並無木材及制品等，草木皆出於天然。

4無太陽，有地心之火（可視作內心），或在寒冷的帳逢或室內，可作點燃以生暖意，以作身心暖和（進入這景象）。

以上這個分析，我盡量放下旺弱格局等觀念，否則圖象容易失了意境。」

曾志玄：「好像天然景觀是一副畫了，不連貫是甚麼意思？」

易天生：「是指在想像方面，五行形象圖，還有很多可發展的空間和可能性，大家有空可再延續和發表。」

日出：「師傅寫得好！八字三行順生，落在戊土喜神上，用神有力，喻意工作順利，發展前景可期，期待配合大運進入的圖地。」

易天生：「你可多點發表，與曾志玄探討。」

日出：「第一柱丁亥入局，大水衝土，小小巳火熄滅了，幸天干又補上丁火，乙木亦奮力吸水生火再生土，以保不失。喻意家庭變遷，奮鬥後迎來新天地。第二柱丙戌，太陽出來了，照暖了凍土，草木有了生機，春天萬物盎然。喻意命主生氣勃勃，快樂成長，學業出色。第三柱乙酉，由于巳酉丑合金不化，從泥土變成大石塊，傷害沒有受泥石流衝擊之大。金忌神入局，木折斷，金石合去暖土之火，形成大石塊，無火之下，大石冰寒，樹木無根傾斜，渺無生機，愛情受挫，生活無興趣失方向，須立志重新出發。」

易天生：「分析得頗有圖象化，每個人都有各自的氣象認知，各有所長，大可先解其氣象，不須跟我，我現在都有些不同見解了。」

日出：「我覺得師傅描寫得合理，得啟發後才跟著寫。」

易天生：「明白，那便看曾志玄經過這四年後，有沒有新的見解了，因為始終是他提出的命，四年的人生變化和觀點，可能已全然不同。」

曾志玄：「好，我會仔細看看。但為何師姐一直在意命沒木財？是覺得年輕時生活太舒服，還是有些健康問題呢？」

日出：「木財生火官，五行齊備才完美，我的火太弱了……」

曾志玄：「本命落於荒涼之地，但命不該絕，力量雖微，但順世而生仍有一夕之地，寒境有水草，地熱融雪潤澤，不是大格局，但世間有情。

丁亥運五至十五歲父主家事，壓迫巨大，習慣了從強，水旺而寒，一心關注學業名次，苦多樂少，甚為孤獨。和父親衝突甚多，大多啞忍。

丙戌運十五至廿五歲初嘗自由感覺，感受到活著的快樂，雖然短暫過後會失望，但生活較輕鬆，不感大壓力，太陽底下好運持續。

乙酉運廿五至三十五歲，太陽落下，溫暖不再，可算至今最難過的一個運，可以用扭曲形容，家庭畸形好比囚牢，工作搵命搏隨時不知會否突然死去，遇命中剋星（女子），甘願借貸付出全部，破產邊緣（投資與感情失去），咬牙還債，一切理想只能放下，常有輕生念頭。」

易天生：「你是否有看過自己舊評，已無需要修正，和沒有新的發表了？」

曾志玄：「是的，我看了，主要都差不多的寒冷意境，要取暖方吉。」

易天生：「上面我這個在二零一九年的圖像分析，似尚有所欠缺，累積四年經驗後，已新寫一篇文字，理據應該會較完整週詳，這裡可給大家看看。」

## 山水氣象圖補運

畫中的高士，閒坐靜思，在奇松之下，水流聲中，悟得世外之音，超然於物外，活在當下。

食乙丑殺
官戊子比
癸巳財
食乙卯食

◎命理操作第·5部曲

【最新氣象命理圖分析】

本命癸屬雨露之水，生子月寒冬，不見太陽，卻有巳火，即地下室內有暖爐，暖流供應全局，無如乙卯木連根，室內藏木甚多，室外也有種滿花草庭園，本來的水源在室內十分充足（月令），無奈儲水受到濕泥之混合（子丑化土），

水質混濁不清，水源受阻塞之象，於是便不夠水去灌溉室內與室外的花花草草，代表生活上，性格上的不足與捉襟見肘處，畫像繪起來亦見虛花不實，本命只有更多的水，才能夠維持這麼一個大型的庭園。

如是者，當務之急為大量補水，只要有水，便能開通全局，整個畫面都有了生氣，可以成為一幅大型草木庭園畫作。本命除了庭園，還有很大一片深山土地可用（子丑合化土，戊土出干），且有待開發，可惜的是命無器具（金），制水之源和水庫等建設。

本身天干雙透乙木，代表各式植物庭園美景，擺在眼前，只待陽光出來便照片大地，精神大振，但必須小心！過多的火亦會造成破壞，令土地硬化乾涸，更令地下儲存，珍貴異常的水，不自覺地蒸發熬乾，此外本命也很容易引致山火，因木的裡外堆積太多，無水去救便成災，故火不能多只能少，所以要等待天時，趁降雨而儲存山水，以備不時之需。

最後不能漏卻的，便是本命所欠缺的「金」，這個金等如是制木之器具，有了儲水管道等重要事物，水賴金生，意味存在父母的問題（命主自述緣淺）。

因此金生水、水生木，是為本命依歸，構成上等氣象的指標。但這麼多的木材，要有用，就得要很多工具來開發，制造成有用的各種成品，例如家具，樑柱和宮殿等等，先看看本命原局與大運有否金。

日主屬金不計，原局無金，支下巳丑捧酉金不透，大運：丁亥，丙戌，乙(酉)，甲申，癸未，壬午，辛巳，庚辰。酉金入命，蓋頭不化，申運則合巳酉，化金水長

生。

【氣象延伸　大運各柱】

曾志玄：「師傅原文很精闢，我再用其人經歷意會，就是木！非常多的事情要處理，土是框架，要求障礙，水是指有能力、精力，作為能量，及要有金去制約避免過多的發展，火是將未開發項目，轉化成有序成果的手段，但過多本人亦會虛脫。」

易天生：「事實就是要如此去計每一個命，只能細心若此。」

日出：「師傅，在這畫中你導入金、水的重

大運
第一柱：丁亥
第二柱：丙戌
第三柱：乙(酉)　酉合巳丑不化
第四柱：甲申
第五柱：癸未
第六柱：壬午
第七柱：辛巳

乙癸戊乙

卯巳子丑

## 調節

要性，缺金水以致命主與父緣薄。可是，若大運金水至，巳火熄，更令全局冰冷無生氣，本命金水為忌，又怎樣解說呢？」

易天生：「大運金水至，生起木，巳火又怎會熄呢？　即使是首運亥水，又三合解沖，須知重點是，火只為命局中一種調節，金生水才是主要。我說怕太多火，是想暗示火生旺土，即切合了身弱命忌財生官，土濁水兼剋傷日主，因此或可解通其早年火運境遇欠佳，同時又收調候功用，可能要如此寫才會明白。」

「另酉運合住巳火（調候氣象失），乙食出應期，身弱雙食一官，只靠月令中（一丁點子丑化土的水氣），對抗：乙乙卯戊丑子巳等八個忌，是怎樣支撐下來的？這真要問問當事人自己了，旁人只能到此。」

曾志玄：「基本上是整個人都像淘空了的狀態，要接受扭曲的環境，絕對順從，委屈求存且失去自我，只憑著求生意志支撐。」

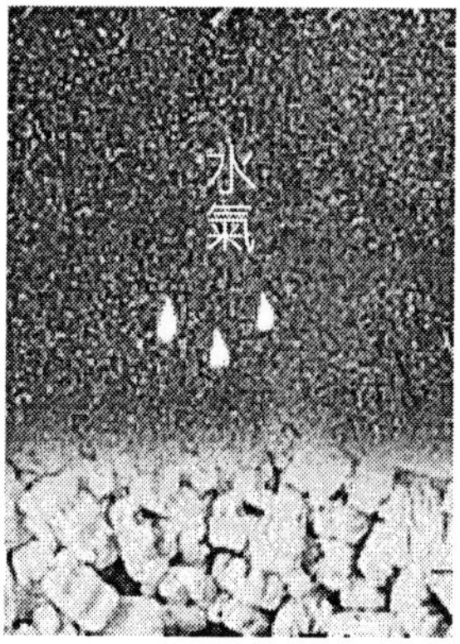

易天生：「原因就是缺金，以為乙酉運入是金錢、女人之入命，不知卻成禍患（命主自述因投資與感情雙重打擊），如大家沒看到這些，往後的也很難明解。」

曾志玄：「但金是印，缺金是指沒有的東西，都想去追求嗎？」

日出：「他不是假從，子丑化土，月令水氣不清成假從嗎？」

易天生：「從格又怎會忌財喜印？先重新看看我上面的分析文，是屬於正格而非從格命。」

曾志玄：「如用我派去解釋，我還是覺得大多數情況下，此命是屬於偏弱多於假從的，但本身是很易因歲運變得失平衡，一是水合月令成局過強時，一是木火土太多而身無力時，兩者都各有利弊，最好還是金水都有，剛好可以承受木火土的平衡點。」

易天生：「事實此命已無派可分，或許，名之為：真神被合命吧（子水月令為真神得用，子丑化土失真）。」

曾志玄：「最差的情況是無金水、無火疏通、木土交戰，於是弱上添亂。」

易天生：「用氣象先對應實際歲運際遇，氣象極端的，根本就無從批算，不要以為我們是全能的神，我們只是掌握到很少，借用一點數理去搞預測，上天才是主，今用氣象法只想幫助判斷那些令人頭痛，怎樣都解不通透的八字而已。」

曾志玄：「感覺這命不能靠單一干支五行喜忌，要從入局後產生甚麼變化去看，因為本身是個失平衡而微妙有生機的命。」

日出：「此命大運，要金水同至，會比較難。」

易天生：「(干外在)(支在內)，有時內在比外在更重要。」

曾志玄：「外在可說是一些生活方式，和表現成果，於內在的快樂滿足，相信和情感相關。」

易天生：「金水能反映現實即：干外在，火主內心：支在內，可作如是觀。

總結：

「總之，氣象分析，一語可記之：五行無絕對的好與壞，氣象是需要平衡。今次發現難能可寶的學理，就是本命的火，原來其火在命中是吉凶喜忌並存的，既要存在又不能

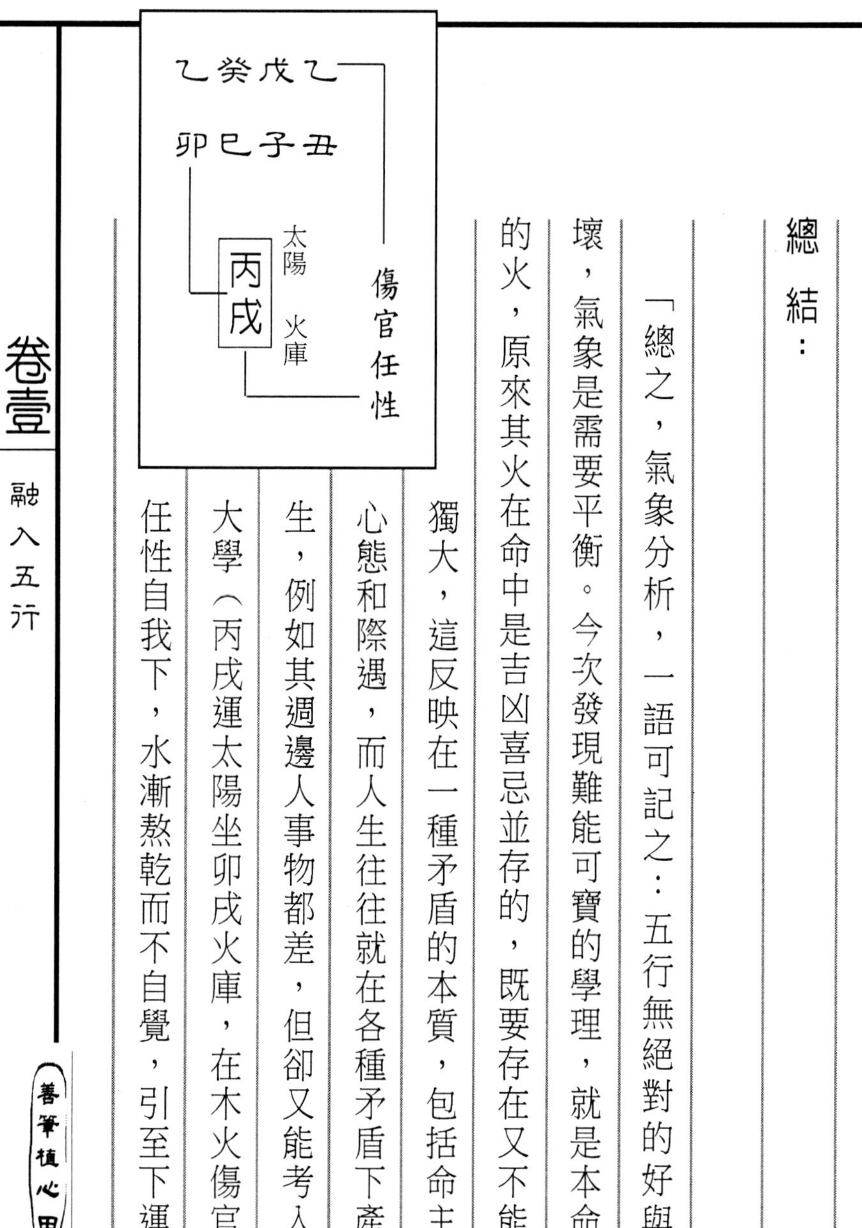


獨大，這反映在一種矛盾的本質，包括命主心態和際遇，而人生往往就在各種矛盾下產生，例如其週邊人事物都差，但卻又能考入大學（丙戌運太陽坐卯戌火庫，在木火傷官任性自我下，水漸熬乾而不自覺，引至下運

之沉淪）。

易天生：「最後是金，命中無便要大運中取，故首務之急是看歲運幾時見金，且要長生水之金，方能補入命中水源，這水源入局，不單生起日主，更有利命中畫象花園成林，又可制成木器制品等，讓後運仍能受用，至重要還是做好儲水裝備，方為上算。至於本命各個大運，讀者諸君大可按理推詳，應該會不太難。」

|  |  |
|---|---|
| 第一柱 | 丁亥 |
| 第二柱 | 丙戌 |
| 第三柱 | 乙酉 |
| 第四柱 | 甲申 |
| 第五柱 | 癸未 |
| 第六柱 | 壬午 |
| 第七柱 | 辛巳 |

申 長生水源

儲水

曾志玄：「我終於知道不是因為金而出事，而是因為合去了火。」

易天生：「正確是：酉來被合主得而變雙失，乙木入局引發應期，雙食剋官出事。」

曾志玄：「師傅寫得太好了，相信本文可以成為命學經典，」

易天生：「認識自己，感悟人生，這本來就是我派學命的堅持，是學命的大原則，共勉之。」

在眾多命書中，有專題講氣象的，似乎只有三命通會，因此將其收入本書，並加以註釋，以收古今並用之效。

## 山水氣象圖補運

有時候動水不如靜水之意境幽深，但亦有動水之激昂勝於靜水之時，這要視乎觀者的心境和意向，所謂動極思靜，靜極思動。

# 第四章

# 三命通會 氣象篇

附錄：

醉醒子 撰　易天生 評註

# 氣象篇

◎命理操作第·5部曲

所謂氣象者，是整體天時形象，就如天文台報告天氣一樣，人生氣象何嘗不是，都為了要反映氣候天時，預測先機，不會行差踏錯，在人生路上更加順利。

本書特別收錄了三命通會卷十一的氣象篇，並加以註釋，相信能有助於圖象法的探討。

三命通會卷十一

氣象篇

育吾山人

今夫立四柱而取五行，定一運而關十載。

目前的八字推命法，取年月日時作四柱，故又名四柱推命，這四柱換算成氣象，再由五行化作種種事相，月柱是定氣運的關鍵來源，以每一運十年的順序，反映人事象。

清濁純駁，萬有不齊，好惡是非，理難執一。

大家都會認同一件事，人生、環境、事物，都是十分複雜的，這裡說的清濁，是指人事象的清與濁，當中產生無數是非對錯，純粹與混亂，可謂良莠不齊，是世人所難以定論，因此要像佛家那樣，不要偏執謀一種定論，要多元化，立體思維，方為真理。在八字命理上看人命，本段話頗見週全，就因為世人的「清濁純駁，萬有不齊，好惡是非」，才有命相學的出現。

故古之論命，研究精微，則由體而該用；今之論命，拘泥格局，遂執假而失真。

論到古法算命與今天有何分別？這裡原著者是較傾向於古法論命的，其指出今人論命每執著於格局成敗，而不知命中格局只是假借而來的名目，真正要做到的，是要取得全局五行的平衡，故而失去真確的結果。

要知三命通會和醉醒子均為明代人，在今天來講，明代以前的宋代甚至以前的古祿命法，很多都已失傳，留下來的只是些流於江湖的神煞論命法，和宋代納音法，在今天更是難以採用。

是必先觀氣象規模。乃富貴貧賤之綱領；次論用神出處，盡死生窮達之精微。

因此，本書原作者認為，看命首要是能觀氣象，由氣象觀規模之大小，如果一個命的氣象廣大而具有規模，便是富貴之命，相反則為貧困之命。

其次是八字用神得失，以探人命的窮通。這種以氣象規模觀命的方法，實與本人所提倡的「五行形象圖」接近，結合了圖象，將每一個人的命運形象化起來。

**不須八字繁華，只要五行和氣；**

怎樣才是八字繁華？這是個很抽象的說法，稱得上繁華，應該是指八字很多變化精彩，可謂峰回路轉，所以人生大起大落，這種命是常見的，反而五行一團和氣就不常見。

八字中五行和氣者，是八字無沖刑夾剋，干支天地相載，這多數是五行順生，又有八字多合者，有生生不息的意象，這便是真正一團和氣的八字。

> 浪指三元六甲，誰知萬緒千端。學者務要勾玄索隱，發表歸根，向實尋虛，從無取有，雖曰命之理微於此，思過半矣。

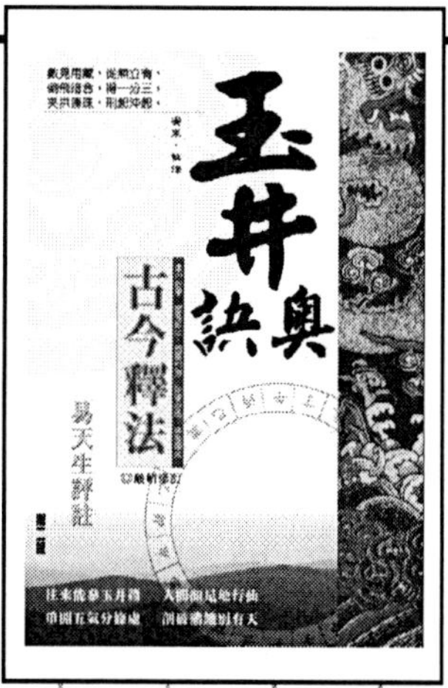

三元六甲說來可謂千頭萬緒，而向實尋虛，從無取有，更是命理上的高深學問，一言難盡，八字命理之虛實，在玉井奧訣一書

中，已有詳盡解說。大致上可以這樣理解，虛實與有無，八字中雖然沒有謀一個干支，然而卻有著這個干支的眾多沖合形勢，把本來沒有的干支，虛沖出來，成為命中和運中的一個指標，當然，一般人是無法理解上面這種說法的，只有通過如玉井奧訣學理和長期命運推算下，才會歸納出一種經驗來，方能理解，

命理之微在於勾玄索隱，三元六甲是很長的時間觀念，大自然由一元開始至今，已經歷了無數個寒署，年代交替，大地萬物，從無到有，發展至現代，可謂甚麼都有了，當中產生的變化之大，大家翻查歷史，可以得知，無論是氣候

（天），陸地（地），人類（人），這個三才演化，已來到皇極經世書的「午」會，地球已由盛極轉衰，此不可不知。

然大海從於勺水，少陰產於老陽；成乃敗之機，變乃化之漸，此又所當深察，乃若一陽解凍，三伏生寒。

（此注已引前，冬逢炎熱，夏草遭霜下）

原書由這裡開始提到一些五行特別景象，如文中所說的大海由一勺水產生，又如一陽解凍，三伏生寒等，都是一種較為極端的天時氣象，一陽解凍是指冬天裡天寒地凍，但有一點暖和之氣生起，三伏生寒相反，炎夏裡生出一點寒意來，這都可以從圖象去理解，可以用筆寫出來。

但要很認真地解釋二者，便要費很多唇舌了，例如「三伏生寒」，當中的三伏天，有三伏日，是指夏至以後的第三個庚日、第四個庚日和立秋以後的第一個庚日。這是一年之中最炙熱的三天，亦即所謂的初伏、中伏、末伏…

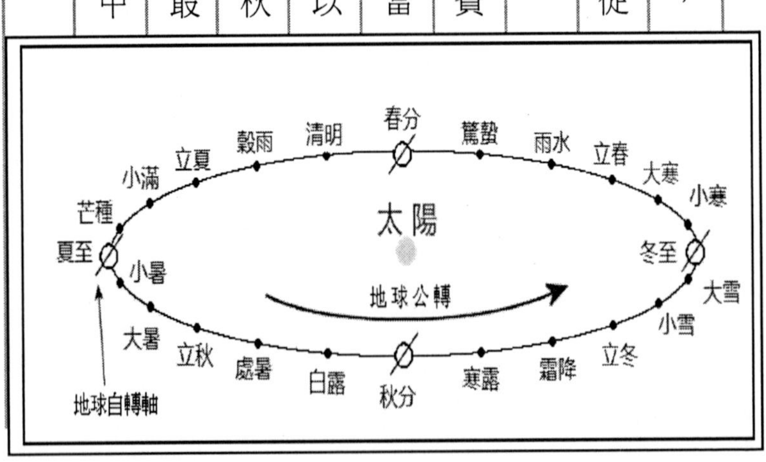

至於「冬至一陽生」就更不簡單，其來自《易經》的十二辟支卦，也叫十二消息卦，自冬至起，白晝一天比一天長，陽氣回升，天地的陽氣開始慢慢變強，這種種都是自然環境的特別狀況。

陽剛不中，亢則害也；剛而能柔，吉之道也。

此象亢陽無制，更不包藏。陰物而運，又行東南，則陽剛失中，必主於害用，此者孤貧凶暴，死於水火之間，乃若五陽生於陰月，干支夾合，陰柔之物，運道又行陰柔之鄉，乃謂吉也。用此者，雖出寒賤，終必榮華。

八字陽盛陰衰，欠中和之道，在易卦是為之亢龍有悔，指物極必反之理，太過而成害，例如人命五行偏於生旺，火土、金水、水木、木火等，太旺成印比劫之阻塞不通，做成人命的失敗，這是司空見慣的。

如在五行圖中畫一個大太陽，地上形成一片焦土，又如森林生起一片山火，或是洪水泛濫等極端氣象，都屬於亢陽之害，不為命中所喜。至於剛而能柔者，是指陽中有陰，剛柔相濟之象，五行圖象是這樣的，在一片炎熱的沙漠中有一道清泉，在一片汪洋中出現一個綠洲，這在命理中都是會出現的，這屬於好命。

按原文解釋，較偏重於陽剛即東南之解讀，筆者便有所保留，皆因陽和剛這兩件事，五行的金木水火土，四方四維均可產生，也不一定是東南木火旺方。

柔弱偏枯，小人之象，剛健中正，君子之風。

此象不中不中之道也。四柱中但見陰柔，而不入格，干支又不包陽，則終日柔懦，用此者，機心陰毒，無所不至，乃若剛健，君子之體也。中正君子之德也。四柱中陽而藏陰，剛柔得制，不犯破剋刑衝，用此者德行過人，中直蓋世，故曰：君子之風也。

命帶柔弱，是主五行偏枯，甲乙木偏枯，每因水火之失調居多，沒有水和陽光，樹木便無法生長，水源不足亦令樹木花草枯黃無力，這見於現實環境中，就很明顯是小人或是非之現象。

說到剛健中正，也是出自易經，而用到八字五行中，是甚為常見的，亦即八字要中和，五行要平均，在制圖上可以是一張風和日麗，環境優雅的氣象圖，在身心上，也反映出心平氣和，若為君子也不會偏激行事。

在原文中的解說，亦頗見詳盡，大家且看其解釋，此象被視為不中正，陰柔不入格者，是主命中五行只其中一二種佔八字全局，缺少了兩至三種五行，形成滿盤自黨或異黨不入格局，干支偏星過多，例如偏印多或劫財多，更甚者七殺過多，都不是一件好事，這決非君子所有的狀況，亦即反映五行偏枯，會影響到一個人的德行與環境的險惡。

故此，八字四柱陰陽平均，自然六神配置適當，陰配陽即出：正財、正官、食神、比肩等正星，八字也無犯沖剋者，是為君子有德。

過於寒薄，和暖處終難奮發；過於燥烈，水激處反有凶災。

四柱純陰，生於十月，空絕五行之根。日干又見衰弱，而無強健之氣，縱遇和暖之鄉、終難發達，四柱純火生於夏至之前，火性燥烈，歲運中，乍遇水激，不惟不能制，而反致害矣！用此者，夭折孤貧、多犯刑憲。

人命有生於寒冬和炎夏者，本質上已近偏激，無論是水火激盪，同樣會產生反效果，例如冬月寒命又干支金水多，一點火來，屬弱火投於盛水，只會引起更大爭端，夏月火命亦同樣道理，故弱水投入火海，迅即熬乾，以致禍生於未然。

至於原文的註解，指八字純陰且生十月亥月者，支下更

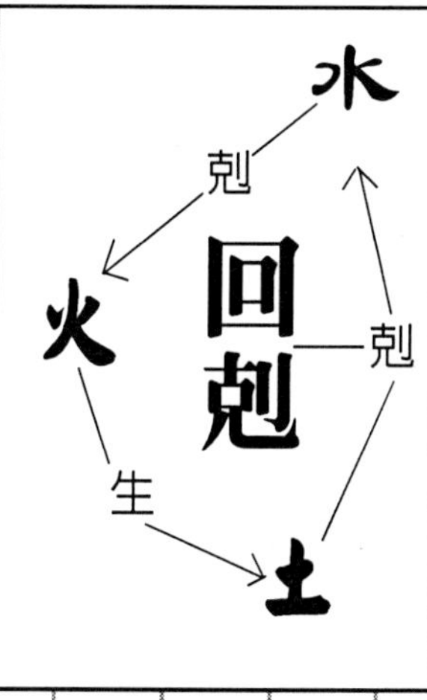


坐空坐絕，其實都是想講八字無根偏星六神多，而生於夏至和冬至前，氣較偏，加上水火之烈性，最怕犯回剋，即火多見土，水來剋火，反被火生土來回剋是也，如此類推，五行回剋都是由上述情況所形成，很多人都不懂運用，以為五行有來剋忌神便好，故時有斷人禍福失準之情況。

過於執實，事難顯豁；過於清冷，思有淒涼。

執實者；用一而不通也。假如用官無財，用印無煞，多合少成

者，遇事終無豁達，若金水過於清寒，不遇和暖之運，如庚辛生於十月，柱中純水運，又行西北，平生獨食孤眠，生涯寂寞，人不堪其憂矣。

八字命理中，講求疏通，怕見填實，其意較近於這裡的執實，比如說有一個八字，因全局土太多，把金塞住，不但令到透氣不能通達，更甚者令其它五行如木火水等，都受到不同程度的影響，無法發揮作用，這些眾多的土，亦變成偏印梟神，試想想，一大片遼闊的沙漠，重土埋金，缺水源，寸草不生，極其量只得一棵瘦削的仙人掌，這景象到底有多荒蕪，大家可想而知，這怎能說是一個理想的環境，更不會是一條好命，要有陽光樹木與河流，生生不息，這才算得上是好命一條。

過於有情，志無遠達。

局中之物，不可過於有情，若過於有情，則牽迷不能自脫。外無所見矣。如甲木以己土為妻，情固宜有，若甲己支下，又乘子丑內外加合，而外無財官、印綬，動甲之心，則甲常處於己土之下，其志安能遠達哉。

經常說八字要有情，怎樣才是有情，左右氣協，上下通根，但過於有情則不能用這個講法，情之有過者，是指多合現象，八字之氣化莫過於合，尤其是左合右合，八字爭合妒合現象，便其情不真，故人亦沒有長遠的目標和志向。原文註解提出甲己合土，以土為妻而情堅固，這也要男日主甲，己來合甲，或女命己日主，甲來合己，才算有力。

若坐下地支又見有子丑合土，此謂之內外俱合，亦即天地交合，命中土極盛，男命甲木身弱則喜印生，女命己土則太旺，喜財官是理所當然的事。

過於用力，成亦多難。

凡柱中得自然之物為妙，若用力扶持，終不為美。且如用財局中，不見必求傷官、食神所生，如食傷失時無氣，又求比肩轉助，或外衝遙合，皆謂過於用力。其成就必艱難矣。

干支相助相生自然生力，這是良性的，若然用力過猛，便成為沖擊，不喜反忌，即使八字未有沖，但印星生得太旺，日主亦不好受，水多木浮、木多火熄、金多水塞、土多埋金、火多土焦，這樣便不吉反凶，這同樣是命理中，物極必反的一種現象。

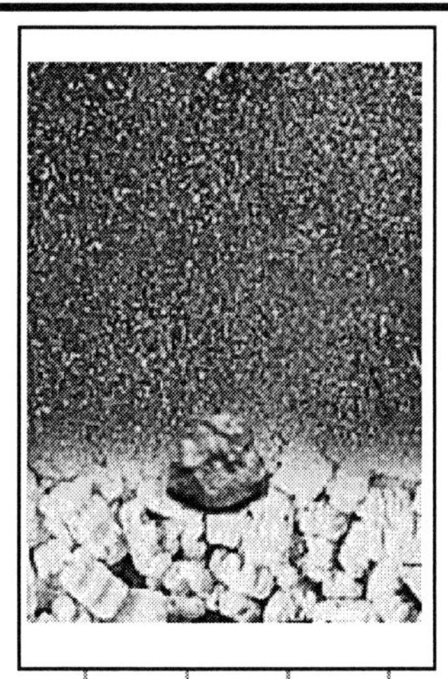

在八字圖象之中，可以繪成以下水多木浮、木多火熄、金多水塞、土多埋金、火多土焦的畫面。

過於貴人，逢災自愈，過於惡煞，遇福難享。

八字中原多貴人，二德扶用財官，不有刑破，雖居顛沛之中，亦無危矣。原多惡煞，三刑、六衝又與財官反背，縱遇財官之地，將何以為享福之基。

所謂貴人眾多，在現今的算命來講，是意義不大的，因為吉凶神煞都已經少用，但在過去便有所不同，神煞一直被沿用，甚至濫用。

喜神中以貴人吉星最有影響力，其附帶於六神上，會加強各星的吉力，貴人顧名思義是吉星，有種說法是太多反而不美，指命中滿是貴人星，尤其是女命，這是古代人的一種見解，一個女人身邊太多貴人，看上去像很不妥當，但現實些，這裡便指出八字中多貴人星，是逢凶化吉者，相反惡煞星多，便有福都無從消受了。

看相算命為的是甚麼？還不是求趨吉避凶，命帶天月二德者，就天生有這種本能，命中多刑沖破害者，多見惡煞臨身，所謂多行不義，有福也無命享，這是看命者最不想聽到的。

五行絕處，祿馬扶身，四柱奇中，比肩分福。

凡遇絕處，不可便指為凶，蓋凶處亦有吉神相扶。假如木絕於申，申有壬水為印，庚戊為財官，皆我所用之物，必能扶身進福，只愁有神剋害所用之宮，則所用絕矣。如此乃凶，若以官為貴，以財為奇，局中得遇財官，乃為吉矣。如見比肩則無懼，爭官劫財則無全美。

八字最怕是無根，無根即坐絕，代表氣絕，日主氣絕，命主傾危，用神坐絕，必生禍患，喜神坐絕，難保長久，財官坐絕，與功名利祿無緣，此時此地最要地支有祿馬扶身，即坐祿見財，得了根，便能先失而後得，反凶成吉。

講到比肩分福，比起劫財來得平和，雖然同屬耗散金錢，其分別大概是，比肩屬於一些既定的開資，如供保險及強積金等，或是用在親人方面的洗費，如子女和父母的費用等，而劫財則不同，是用於一些活動資金，例如投資股票，做生意買賣等有不定因數的消耗，有時更是無故的金錢損失。

（氣象淺說）

五行實與氣象有莫大關係，若臨絕處，定是不毛之地，荒涼貧瘠，寸草不生，這自然不是一個理想之地，現代對土地的開發雖已進步，在西伯利亞苦寒地，或沙漠地帶，今天都建設了一些現代建設，但這都要有天

時地利與人和，天地人三者結合，方能成就。

陰陽固有剛柔，干支豈無顛倒。

陽剛陰柔，天地之道也。顛之倒之，反覆之謂也。所以啟下文之端。雖聘妻不識其夫。夫婦既入其宮，豈有不識，但情隔而不通，則不見其夫矣。如乙木用庚金為夫，中間丙火隔斷，庚被火傷，或坐子午敗死之地，使其妻終不見其夫也。

陰陽剛柔，要理解不是很難，男與女兩性，便是陰陽的代表，在性格上的強弱剛柔就更容易理解，在物理上，電力的陰陽極和物質上的軟硬，鐵石與布絲等，都能很感受到陰陽剛柔的體性。

好了，我們試來理解一下文中這個題目：「陰陽固有剛柔，干支豈無顛倒」吧，天干和地支的顛倒，到底是怎麼樣的一個狀況？

所謂顛倒，是指正反位置之不正當，例如大運干支的「蓋頭截腳」，原局干支的「天地不載」，即所謂的陰差陽錯，如丙子日，四柱又配合不好，全都是天地不載者，那顛倒的情勢便產生。

**顛倒**

天干 上剋下

地支 下剋上

原釋文用到夫妻關係來解，以乙庚合而

間以丙，並未能反映原題目的實際情況，且帶過便算。

（氣象淺說）

在自然界裡，顛倒又是怎麼一回事呢？這就與男女陰陽有關，男不男、女不女、君不君、臣不臣、父子夫妻等，都須要有正常的關係。

本有子不顧其母。

子之顧母理也，情也，身有所羈。則不得終養。如甲用丙為子，卻被辛金合之。但戀妻之情，而易母之愛矣。故局中雖有丙火、不可用也。凡命中議論至此，庶幾無誤。

這裡原釋文更進一步將親情代入題目，實無必然性，而子不顧母，說得有點買弄玄虛，母星生我為正印，不顧母即身旺反不欲其生身，於是說不顧。

(氣象淺說)

大地山河可視為父母，天為父，地為母，這是乾坤卦理，若以生態氣象觀，天地父母之子，就是世人，人怎可以對父母造成生態破壞？

父無子而不獨，子有父而反孤。

木以火為子息，四柱中如無丙丁、巳午之位。則無子矣。若地支暗畜有火，或天干制化得用，亦不為無子。木以水為父母。若被損剋，則不得其所生。如甲乙日生於亥子之年月，值四季水被土傷，所生之人失矣。豈不孤哉。

八字以財星為父，食傷為子息，財不宜孤露，故需要有食傷生財，至於身弱擔不起財，便怕見食傷生財才，這是較簡單的解釋，讀者也能理解，而原文的推論較複雜難明，都因為題目太玄之故。

(氣象淺說)

六親的構成，除了父子之外，還有母親，妻兒和兄弟姐妹，故而不獨是理所當然的，反觀大自然何嘗不是，陽光空氣，樹木山水等，無不有著如父子的關連，如果生態失了平衡，水太多會造成水患，陽光太多則造成乾旱，都是生態危機。

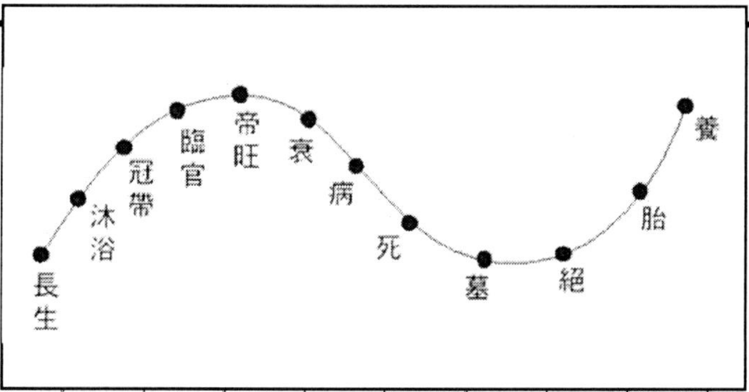

**生尚可以再生，死不可以復死。**

> 局中之物，原有長生，先被剋損，歲運復遇生旺之地，身力復強，如再生也。死者終也。凡四柱之物，原值死絕之宮，後來歲運再遇此地，不為更凶之論，蓋死無二也。

這裡所指的，是十二生旺庫的關係，由長生說起，生可以生是從何說起呢？其實是指周而復此，循環不息之意，至於死自然不能再死，但可以死而復生，這些都是一種人生道理，要講的是八字命理，都是一種自然現象，而且是生生不息，八字一個接一個地，既有死亦有生的現象，在五行形象圖來說，這個意義真的很大。

（氣象淺說）

若我們不單單以人為對象，將之擴大至自然生態，這時眼光大開之餘，更能深刻體會到，天地萬物就是生生不息地延續下去，故生而尚可再生是不難明白的，人類只是個很少的個體，但大自然卻是一個大的整體，若局限在一個小我時，便是死而不可復生了。

既死亦非為鬼，逢生又不成人。

木值春生得時乃旺，柱中雖遇死絕之宮，若運行生旺之鄉，亦不為之死也。木值秋生失時乃弱，柱中雖遇生旺之宮，若運行衰絕之地，終不為生也。

天干臨死絕之地，是無氣之象，只要支下逢長生之氣，便能重現生機，生雖然是生生不息，行到了死絕地，亦難有生氣，這是個風水輪流轉的狀況。

原釋文以大運行生旺地，可補八字柱中坐死絕，故不為之死，又以木日主生秋天，失時身弱，運見衰絕地亦不能生，又嫌說法矛盾複雜。

### （氣象淺說）

所謂生死有命，人鬼之別就只有人間才有，於大自然中，寸草不生的地域則等如鬼域，絕處逢生談何容易，人在這種環境底下，生存一點也不容易。

**子多母病，如佃甫田，母多子病，如臨深淵。**

子者母之所生，多則泄母之氣，正謂子能令母虛也。若母再加衰病，則精力不及，決不能以撫其子。其佃甫田之謂歟，母無二尊，其恩乃全，若母氏眾多，陰聚妒生，邪謀興矣。即五星二母爭權，姑息太過，母失所愛，子何所依。如更臨病死之宮，申生之變，必起於朝夕也。

同一道理，我所生的為子息，食傷是也，換一個位置，我便為母，多生耗洩主其人自弱，相反母多即印多，又換了位置，印多生我，我便過旺盛，所謂母慈子滅之說，亦由此而生。

原釋文是觸及此理的，但及後說到母氏眾多，五星二母爭權，陰聚邪謀等言論，又有其過於穿鑿附會。

（氣象淺說）

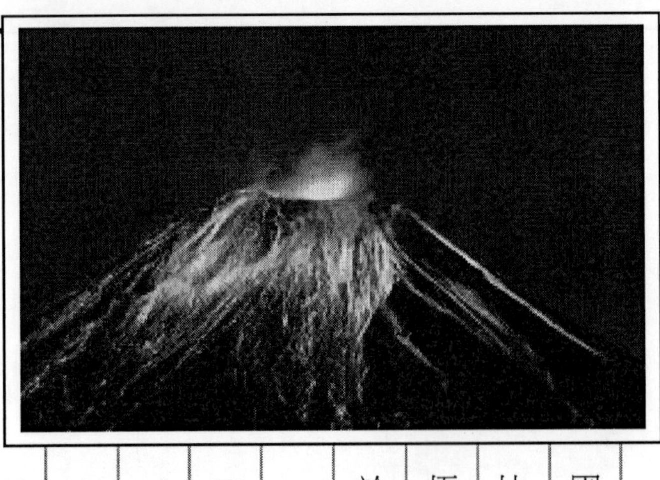

母為大地，養育萬物，以世人為子，田園耕作，但大地有時亦會有造成禍患之時，比如洪水、風災、地震，火山爆發等，都是極端氣象產生的現象，觀人命與如觀氣象，於此理自成。

不正不衝、不偏不合、不橫不刑、不直不破，其為衝也。啓六極之岐門，其為合也。闢萬物之形跡，其為刑也。變而改正，其為破也。敵而有傷，是以棘地生金，不若藍田種玉。

以上四端，乃戰剋擊剝之象也。內有刑虛鈎遠之用，若倒亂中而取用神為貴為福者，不若用財生官、用印得煞，自然之妙，此子平所以專論財印食也。

地支有：子午卯酉之「四正對沖」，故言不正不沖，是相對，敵對之矛盾現象，而不偏不合便要注意其用詞之偏，和而帶合，並無偏意，其所指應，故其後又說不橫不刑和不直不破等，都是命書圖表中，地支的沖，合，刑，破對角線方位而已。

至於原釋文四端，戰剋刑虛等說法複雜，用財生官印生煞亦是顯淺之理，而子平除論財印食，也重於財官印之三者配合。

（氣象淺說）

所謂的合刑沖破等，無非都是一種方位形勢的情況，五行相結合尤如天地物象的結合，但又會合久必分，有合住而不協調的刑，也有對立面的沖與破，但這全都是大自然的一種循環，用這個觀念看事物的變異，便能保持不受極端生態的影響。

吉神相我功求相吉之神。

凡人命衰弱，或刑傷破害，不能成用者，必欲吉神扶佐，成我之福。又觀相我之神，勢力輕重何如？若無根失令，或自受傷、先用求助，相吉之神何如？假如甲日夏生遭火焚，化得壬癸亥子相我為救，但水先受火土耗剋，不能為我之福。必欲求金轉生水旺，使水有顧我之情。如此之功不在水、而在金矣。又如午被子衝，賴未合我而與子穿，則為相我之神，如未受傷、不能為用，必求生助未土之神有力，而未土方得成用。

相者相旺於我，不如旺我之用神，命中吉神者，每以古時神煞而論，若不論神煞，論作命中喜用而為之吉神的話，喜神生用神，得到大力相助，豈有不吉，凡命喜生我用神者即為喜神，能相我命者，求喜神相用神，可作如是觀。

（氣象淺說）

這個道理其實很簡單，不要想得太複雜，當水源不足時，加水不如制造水源，如此類推便是。

凶物傷身解用傷凶之物。

人命中若遇凶神剋我身宮，必求柱中何物能制。傷我之神則彼自解，不暇焉能及我哉。如甲木原被金傷，禍所不免。得火剋危自遠矣。又如卯被酉衝，柱中見午亦然。

凶物在命，通常被認為藏在月令的忌神，叫做凶物深藏，例如一個入專旺格或從格的命，但在月令有一個逆專從之氣的餘氣，當遇到運引忌神出來時，即成命中的凶物，為禍本命了。

而另外視為凶物的，是剋害八字中用神，尤其是偏星，偏印，劫財，七殺和傷官等，這裡所說，當命中遇到這種凶物時，便要用更強的傷凶之物去對付它，比如說，食神制殺，就是用剋制凶物明證，命主在受到七殺威脅時，身強者以食神制之，另外，又如命中以食神吉星為用神，卻遇偏印，是為偏印奪食，這正正是凶物傷身之例子，於是就直接用財來破印，以此作為命中的解藥。

在現代的八字命理中，身宮所在已很少提，其實不止是身宮，也包括了命宮和胎元都是，當八個字已經足夠反映人命的始末時，也不須要再另立名目，這是子平法的獨到處，因此本段指的凶神在身宮，要柱中有制亦無甚解，故也不作身宮起例了，其說甲被金剋，用火去反制金解危困，又以卯木受酉沖時，用午火剋酉金，檔去酉之沖力，簡單來說這即是命理的「通關」。

（氣象淺說）

所謂一物治一物，即使多凶之物，亦能夠制服，這在生態上觀，如水患來時，便先做好疏道的水道，土地太多了，便多種植物等，這種也屬於五行相制之法。

五行各得其所者，歸聚成福。

凡五行不可虛名失位，但要得令歸垣，方能為貴。若歸聚一局，妙不可言。

八字中的五行各得其所，是指有個歸宿地，所謂落葉歸根，所以為貴，但這個位置到底要怎樣看，又在八字那一個位置呢？八字中的五行配置平均，所謂各得其所者，多數是指五行金木水火土都能平衡發展，左右氣協，上下氣通，五行順生有情，所以又以最終能歸聚起來以成福澤。

## 氣聚 住

### 根源流住：

這個歸聚，大家不要看輕，所謂五行順生有情，亦即易氏基因法的根源流住法，由起點之根到最終，流入的「住處」，其實這個歸聚處，可以說是五行順生的最後落腳點，而又是命中喜用。

另外有一種說法，是在時支上得到的喜用神，是最理想的歸聚處，因為這裡是最安全的，氣聚於這裡，就像風水的大後方，這裡氣聚之處又被稱作歸時， 命書有所謂日祿歸時，指命主特別有福力，人生會有美好的結果。是身弱命最理想的位置，也因為這個位置不易被其它旁支所傷，較為安全，也表示這是四柱的大後方，是歸宿地，一個人的結果也是看這處。因此命中各五行都順生有情，即天干地支左右氣協，上下氣通，此亦能視為找到歸聚處而為福。

（氣象淺說）

五行中的金木水火土，都得到平衡時，可謂各得其所，當太陽、水份、樹木、土地和礦物等，都能夠平均互動，有生成又有輸出時，這便是人間的福氣所在。

一局皆失其垣者，流蕩無依。

凡日主用神俱要著落之處，如四柱中不得通根有靠，又遇空亡、死絕、沐浴、刑衝，則終無成立，必然流蕩失所矣。

垣之一字，解作一種物質的聯繫，有以三合和雙合力，以作為其義，意指八字全無支援者，即支中無合，只是一盤散沙地，分佈一局，此即失垣。

八字全局都失去聯繫，各自為政，這裡比作流蕩無依，形容八字中每一個字都是無根氣的，左右也無氣協，顯得無力而沒幫扶，這在滴天髓中，便說得十分詳盡，可作參考。

原文解釋四柱通根，干支有靠，理亦頗通，都是同一道

理，大家大可舉一反三。

（氣象淺說）

相反地，一個生態失衡，某一種五行失去了「垣」，比如水火失垣時，便會乾旱和洪水為患，造成自然界的人道災害，於原居地的生物流離失所，到處尋找悽身之處。

大運折除成歲、小運逆順由時。文庫衝而文明盛，武庫掩而干戈寧。

戌為文庫、蓋火為文明，八字中原無財官、印綬、食神、生氣則無文章，學問之機，徒得火庫，又被關鎖，此無文之人也。若暗有傷官，或印綬，隱而不明者，亦主聰明。柱中得辰未丑字衝刑戌庫，更入東南運道，發火光明、文章必由此而盛。高擢翰苑者，見多矣。丑為武庫、蓋金為干戈，八字中如帶秋氣申酉庚辛為煞，偏官、羊刃又見同宮，此無懼好戰之人也。柱中如得子巳酉神合局，兼行東南木火制其頑金，則掩其武、而干戈寧矣。壯士於此棄甲投閑者、予嘗見之。

大運和小運，在今天大家都只用大運，已少用小運，事實而言，把兩個運放在一起，勢必做成很多混淆，大運影響十年一個整體，小運以每年計，與流年重複，而目前子平法亦是只重流年，故大家隨順如流就是。

其說到「文庫衝而文明盛，武庫掩而干戈寧」，這兩句話其實很深，而原著卻有其獨到的見解，其以戌為文庫，丑為武庫，庫者即指火庫和水庫，戌為火庫，火乃文明之象，其以命無財官印食四正吉星生旺之氣者，即使命帶火庫，財官亦只能藏於庫內而不能出，是沒有文明的人，這種說法很複雜，也武斷，故筆者不能認同，看一個人的文化水平，從正五行官印便可得知，無須要用到火庫。

至於辰戌丑未等四庫之沖，是想講沖開墓庫，行木火東南運，即能發光，同樣複雜，故所謂武庫亦然。

(氣象淺說)

別以為人命才有歲運這回事，在大自然生態上，便會有春夏秋冬四季之分，而人命都是引用四季自然的現象，借用種種的氣象而反映於人命，因此講到文庫武庫者，無非是想講歲運與天時相同而已。

飛龍離天隨雲入淵、潛龍在淵隨雲上天。

龍者辰也，天者亥也、雲壬也。龍得其雲即飛，若年見亥、月建辰、歲月干頭有壬，則龍在天矣。若日時水旺與龍會局，龍必隨雲入淵。蓋龍以水為家，故上離於天，下潛於水、得斯象者，文章蓋世，平生有塞、有通，功名雖出於臺閣，事業終歸於林泉，柱中有巳午二字者，貧薄下流之命也。若年見亥、時見辰、日月會水，則龍下潛於淵，若干支有刑衝剋破，龍不能安，要日時上有壬字，龍必隨雲上天矣。此象如年無亥用巳反衝亦吉，但出寒賤、祖父無依。後必有人借力奮發，功名主近侍之貴，運行巳酉敗絕之鄉，喪家罷職，即壬騎龍背格。

這裡是有關於易經乾天卦中，初爻「潛龍勿用」，第五爻「飛龍在天」和第四爻「龍躍於淵」，以這個模式來形容天象，其實也是屬於氣象八字的一種表現模式，只是借易經中乾天卦來反映天地之氣，地氣上升，天氣下降而已。

化為八字，便可以有更詳盡的解釋了，天干的氣下行，與地支上行中的氣接觸，產生人氣，故干支已具備天地人三才之道，而人在其中，更代表著地支中的人元用事，表現於季節與干支相呼應，產生吉凶禍福。

至於原釋文中以十二地支的辰為龍，壬為水等的想法，都較為個人化，可以去理解，但莫太執持，而所說的壬騎龍背格，也是古命書的一種個別的八字形勢，同樣可視為另類，大家仍以正五行論命較為穩妥。

**（氣象淺說）**

飛龍離天，其所指的是一種獨特的氣象，飛龍從天而降，潛龍從水出，都是易經裡所指的卦象，亦即人之能夠處身大自然，全賴天氣下行和地氣上升，構成了世間萬事萬物，這在本人滴天髓古今釋法一書中，就有著圖文解說。

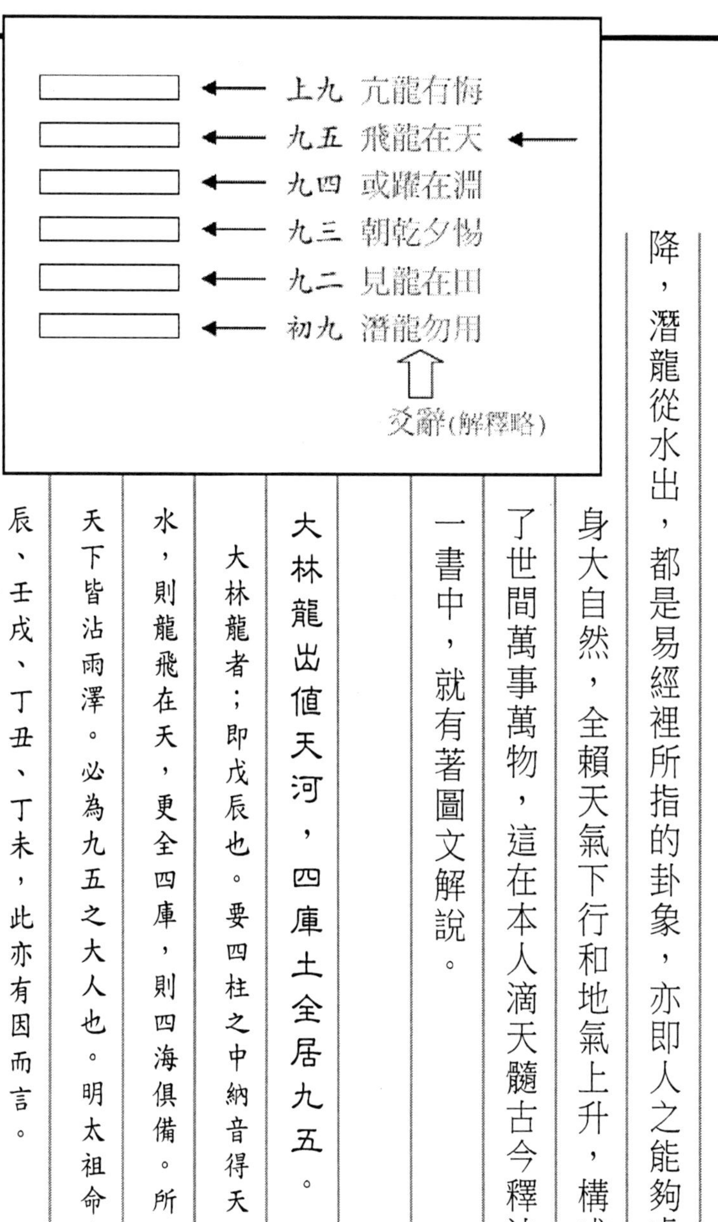


**大林龍出值天河，四庫土全居九五。**

大林龍者；即戊辰也。要四柱之中納音得天河水，則龍飛在天，更全四庫，則四海俱備。所以天下皆沾雨澤。必為九五之大人也。明太祖命戊辰、壬戌、丁丑、丁未，此亦有因而言。

古書每以誇張的事例，來形容一些極端例子，就以這句來講，是指皇帝的命，但又怎可能用一句短文，便形容出來，或許，也有人能從中探得靈機，可加以解讀，但都是很個人的見解。

比如原文的解釋，同樣地以辰龍得納音的天河水，這就更形象化和幻想化了，如果能夠以理出發，如果仍在正五行子平法規之內，還可以作解，故只能跳過。

（氣象淺說）

這段無非都在講一種地位，所謂龍出天河，是形容地氣上升，前面都有解釋，而九五在易經裡指的是君位，即在一

個地方的最重要位置，這君位是有著至高無尚的話事權，在人是君王，在天地間有沒有這種地方呢？很值得大家想象一下，例如說，一個城市的首都便是，至於在大自然裡，中國風水學便有著龍脈和龍穴，大家可從這方向去理解，筆者在玄空六法現代陽宅檢定一書中便指出，地鐵沿線等於龍脈，總站即屬龍穴。

長流龍復歸大海，五湖水聚掌群黎。

長流龍者；即壬辰也，龍值長流，地支得亥，名曰：龍歸大海。

又曰：龍躍天門，妙在納音得大海水，四柱俱帶水者，則五湖之水既備。且深龍所益喜，要有庚辛以生之。則出入動搖山岳，非貴象乎。如王陽明：壬辰、辛亥、癸亥、癸亥，此亦因陽明命而立論。

這裡以龍為地支辰者，是傳統的用法，龍歸大海，意象自然想到了壬水去，那麼指庚辛金生壬辰水，是原文的解釋，原句裡的五湖水聚是一種回歸核心之象，而長流大海則剛好相反，是向外放射的，我們於此方向推想時，八字有如長流之水生生不息，向大海進發，是進取型的命，如身旺者用七殺向外擴張，若屬湖水相聚反而是內斂型，即身弱用正官生印，印生身，回到朝庭核心，掌管黎文百勝。

（氣象淺說）

這在風水學上，龍脈歸大海，水聚天心，都是一種五湖四海，回歸大自然的核心，也可以說是一種很宏大的風水氣象。

六合有功權，尊六部三刑，得用威震三邊。

凡四柱中有刑衝剋害，破象本為凶。論得神挽合有力者，即反為祥，其福高遠，年月成用大貴，日時成用者次之，刑本不吉，得用者富貴聰明，無用者孤貧凶夭，何以為得用，三刑有氣，日主剛強，無用反是。

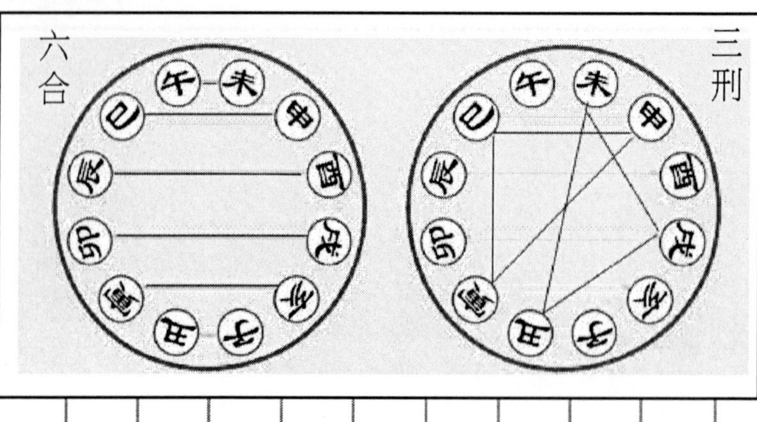


六合，即：寅亥、子丑、辰酉、巳申、卯戌、午未，這六個地支的相合，至於六合要有權，便須視乎原局透干有否官殺了，而三刑：寅申巳，丑戌未，這三刑所有命書都是負評居多的，而這裡說得用的話，亦能是邊關名將，但以筆者所知，大凡能用三刑者，都是命極旺的，所謂旺極不怕刑，但也要配合用神，才能定斷，故不能一概而論。

**子午端門雙拱，岐嶷憑外正。**

子午二位，正而不偏，故曰：端門，若得夾拱無破損者，更有力量，人必聰明奮立勳業。正拱者：亥丑拱子、巳未拱午。外拱者；申辰拱子、戌寅拱午，忌空亡、剋、破為害。

子午端門，是指方位上的對立面，夾拱又指北方亥子丑，南方的巳午未三會局，這兩方中氣位為子午，是為正捧，又有外拱，是以申子辰和寅午戌三合局的中位來定，如果八字地支有巳和未，中間欠午，這個巳未和寅戌取得歲運午，便屬於聰明奮發，建立功勳事業。這個說法其實都可放在特別格局之列，至於其只論挾拱，不計旺弱喜忌之說法，往往是以偏概全，沒有看全局配置，故只可以作為參考。

巳寅生地十分秀氣合乾坤。

巳寅生有力，能合亥申，亥乃乾也，申乃坤也，若無衝雜，申亥乃乘貴氣，才調出群。

寅與巳，是相刑的關係，如有亥與申作六合者，即為以合解刑，故指是秀氣的表現。

天地包藏神，得用顯豁胸襟。

亥為天、申為地，明有力量，如八字中不見二字。得左右之神拱起二字，兼有貴氣，不落空亡，須當顯豁。或以申亥包酉戌看，係天干何物。以有用為貴。

天干地支中，以地支藏命中用神而得透天干者，是得到顯達，主胸襟寬廣。

風雷激烈貴無虧，飛揚姓字。

巳為風門、卯為雷門，八字中虛拱一位，更有貴人，歲運若逢衝起，必能發達。

氣象中以風雷作形容，風者木，雹激者火，雷起者金，三者的關係又何以烈貴，何以有姓字飛揚，都難以解釋，原著的解釋亦是自行作解。

賊地成家，賊亂家亡身必喪。

此法月支五陰者是也。若歲日中有神爭合為妻。月支陷溺其中欲出而不可得。故曰：賊地更得歲月之神自刑，無暇合我、得時支乘機與月支為合，是謂賊地成家，富貴不淺，大運去賊則安，再見賊亂則凶。

所謂賊地者，又怎會成家，如是者其應該反映忌神成黨，結合力量，沖擊日主，此必引發禍端。

梁材就斲，木多金缺用難成。

夫木本賴金斲以成器，若金被神留合，不能來剋其木，卻要木與金為鄰就彼，雕琢可也。若木盛金弱，則雖就金亦不能斲，而有用假使用木與金作合，彼此兩強，乃為貴論。

這裡指木多金缺，金本來是用以斲木成材，木太多以致刀斧也崩缺，大意是想講金日主，遇到太多的木財，便會變成財多身弱，本段就想講這個而已。往後的原文，已少談氣象的題目，故筆者的註釋就到此，往後的氣象篇原文會照樣連載，讀者可按原著釋文隨意理解。

純陽地戶包陰，兵權顯赫。

八字純陽，本為偏黨。殊不知子寅辰午申戌暗拱丑卯巳亥未酉之陰。二象相濟，交感則反全。天地之正氣矣。更要四柱無空亡，及天干有生意者極妙，此象權施邊塞，位至公侯，發福非小。

獨虎天門帶木，臺閣清高。

凡歲月得寅一位，卻要時見天門，虎必朝天嘯。日柱中更有卯未合局，木盛生風，風從於虎，豈不偉哉。若使刑衝剋破，不得印綬、財官，則無用矣。

學堂逢驛馬，山斗文章。

身坐長生之位為學堂，更得驛馬交馳，一衝一合，又得高大氣象，帶財煞貴人者最貴，文章瀟灑出塵。

日主坐咸池，江湖花酒。

咸池又名：桃花煞，男女逢之必然淫亂，多因花酒流落江湖，若見財官貴德同宮，反得標格清奇、富貴安享，大忌刑合，只喜空亡。

福滿須防有禍，凶多未必無禎。

大抵用印生身，乃為我之福也。柱中原有官煞，轉生印旺，不遇財傷，食神泄氣為貴，運行此印旺地，生扶太過、福滿處豈無禍生，是以君子怕處其盛也。局中原多官煞，再行官煞歲運，其凶乃甚、歷盡艱險，後必有制伏，身旺之運，否極泰來之象。如甲日原被官煞所困，運神再行申酉，乃凶甚也。順去有亥子印運，逆行有巳午制運。乃有救之物，豈不為佳。此二句言陰陽消長，禍福倚伏。天道人事，相為流通，宜細味之。

**馬頭帶箭生於秦，而死於楚。馬後加鞭朝乎北、而暮乎南。**

此言驛馬在日時之下者，必要帶合謂之聯韁，聚大財福、幹事過人，若馬前見有刑衝，謂之帶箭、斷韁之象也。若來衝者屬金，受剋者屬木，其禍尤甚，主人他鄉喪亡。凡取用驛馬、順則年取其日時，逆則時用其日。主馬無隄攔，則縱肆而不可遏。如後再加刑衝，馬必疾行、終無安頓之地，主人一生勞碌奔競四方，若刑衝之神，遇有三合六合，則不為加鞭矣。

**性靈形寢，多因濁裏流清，貌俊心蒙，蓋是清中涵濁。**

凡取用神，錯亂刑衝，未可便言濁而無用，當審其中有暗藏之物。如濁中流出一點孤清，則人雖朴陋，多見性情穎悟，機謀異常。若用神清奇特立，不為混雜刑傷，未可便言清也。但中間有暗藏之物，與所用之物有傷，其病終不可去，故人雖貌美，必然失學無成，昏迷酒色。

一將當關，群邪自服。

將者；貴重之神也，關者；緊要之處也，邪者；妒我之物也。假如甲乙日生於金旺年月，皆來剋我，得丙透出月上、制煞為權，而煞自服矣。又如壬癸遇戊己、及支土亂剋身不能敵，緊要處、卻要庚辛為印化煞，不敢為亂。

衆凶剋主，獨力難勝。

此言煞重身輕，孤獨無助者。蓋無當關可救之神，則不能勝所剋矣，決主夭疾。

**脫此輩忌見此輩化，斯神喜見斯神。**

從化之妙，遽不可窮，務要用心詳察。假如甲己化土脫木氣而從妻家。若見甲乙寅卯未亥，皆我比肩，則有原旺之藉，豈無戀哉，況比刃又能爭合我財，使甲己不能相成，反有離間之恨也。又如乙庚化金，喜見金旺，而妻得倚其夫，丁壬化木喜見木旺，而女得倚其母。丙辛化水喜見水旺，而母得倚其子。戊癸化火喜見火旺，而主得倚其財。大怕空亡見煞，比肩爭妒，不成名卿巨公，則為孤兒異姓矣。

驛馬無轠，南北東西之客。

無轠馬無合也。南北東西無所不至矣。人命遇此，必主飄零。

桃花帶煞娼，優隸卒之徒。

桃花日時上見是也。不惟忌刑合有情，尤忌五煞同處，凡遇此者，不受禮義廉恥之教也。

母子有始終之靠，夫妻得生死相依。

母子夫妻者，專言體用兩端，惟在月日為要。假如戊日坐辰、生於申月，然土以金為子，金養於辰。少倚母而自強，土生於申，老得子而有靠，此象甚奇，大忌歲運破而為患，假如丙日坐子月用酉金，然火以金為妻，辛金生於子，適夫家以養其身，火至酉亡賴妻財以活其命，此象貴用財官，大怕刑衝散局。

## 雙眼無瞳，火土熬乾癸水。

癸水在人屬腎，為一身之基，兩目之本，目關五行、惟瞳屬水，水涸腎虛、則瞳無所倚，若在日干生於火土月分、日時坐土塞源，而柱中遇木火耗焚，不成從化者，多患目疾，若在歲月時中，雖得秋氣、不行西北大運，遇木火太炎之地，恐有喪明之苦，即水稍得通根，亦有下元之疾。

大腸有病，丙丁剋損庚金。

庚屬大腸，宜臨水土，嫌者丙丁寅卯，得局無制，庚金雖得掛根，又被刑衝剋破，兼入木火大運，水土衰處，便有此疾。

土行濕地而傾根，伯牛有恨，火值炎天而得局，顏子無憂。

戊土屬脾，四柱中不有生旺通根之位，生遇陰濕之時，又加水浸土虛，運行濕地，歲見土剋，則脾土受傷。因而有疾。火乃文明之象，生於九夏，三合寅午戌局、火愈發輝，少用木資，其勢不宜見水拖根，過火之焰，人生得此，樂道無憂，火行極處，多遇木生、反主夭貧、至不利也。

水泛木浮，死無棺槨、火炎土燥，生受孤單。

木從水泛不遇運土隄攔，更值死絕之鄉、逢衝併煞，是必墮崖落水，橫害毒亡，多不為美，土因火燥，萬物不生，初運南行，廢而無用，後來雖遇財官，不能為用，以致孤貧奔走，無家之命也。

妻多力弱，花粉生涯，馬弱比多，形骸飄泊。

凡用財為妻，最要得時得位，日主更喜剛強，歲月有倚，陰陽各得其所，良配可知，若財多散亂，刑合不齊，日主孤弱，不能任用，必因妻獲利，以養其身也。此又反言財為養身之物，用不可無。凡遇財旺身強，平生安樂，若見財輕比多，不足其用，終必飄泊江湖，逐財勞苦，安享何能。

凡遇凶神交會，善以少而難成。吉曜併臨，惡雖多而亦化，道從理悟，神入心生，。讀苦求，巨微徽矣。

# 後記

終於完成了這部書，記得戊戌年，在土晦火光下，大病一場，方驚覺養生的重要，再不敢胡亂地操作這副柔弱身軀。

一直都精神不夠的筆者，雖然寫作生涯持續，在邊寫邊休，寫寫停停的情況下，竟然完成了七部著作，計有：「太清神鑑五行形相篇」、「太清神鑑綜合篇」、「窮通寶鑑‧命例解密」、「三命通會‧女命書」、「子平真詮‧圖文辨識」、「子平百味人生」和「五行增值‧氣象篇」等書。

說實話，筆者經此一役後，身心手腦都不似過往的配合無礙，為了要保持思考能力，持續吸收書本智識，主要讀腦神經功能、佛學、書畫和養生等書籍，並吸收新一代的創作模式，令大腦不停有新變化。

在身體鍛鍊方面，因已是中年過外，除了勤修佛道調理身心外，每天也練氣功，行山緩跑和唱曲練氣，最重要是努力學習水墨和書法，過程中獲得內心的平靜，大腦暢通，讓我在第六柱的沖堤大運中，解除了身心的沖擊與困擾。

# 命理山水畫工作坊

歡迎查詢：

電話：90534761

電郵：tcwz55@yahoo.com.hk

學習過程：

1〔基本認識〕

用筆、用墨、用紙、五行選畫（按本人八字喜用）。

2〔墨線繪畫〕

目標為本，度身訂造制作一張個人山水掛畫。

3〔染色添加〕

為畫作染色和修飾添補，以完成作品。

4〔畫命同修〕

戶外寫生，認識大自然氣象，配合自身養生之所需，延伸學習。

簡訊：facebook.com/yitis55

# 心田小館

小組教學，四人成班
名額有限，報名從速

香港干諾道西131-132號

# 心田書目

| 書名 | 系列 | 書號 | 定價 |
|---|---|---|---|
| 五行增值－氣象篇 | 知命識相系列(9) | 9789887715030 | $120.00 |
| 子平真詮－圖文辨識 | 中國命相學大系：(23) | 9789887715115 | $120.00 |
| 子平百味人生 | 知命識相系列(8) | 9789887715115 | $90.00 |
| 三命通會－女命書 | 命理操作三部曲系列(22) | 9789887715108 | $100.00 |
| 窮通寶鑑 命例拆局 | 命理操作三部曲系列(21) | 9789887715078 | $130.00 |
| 太清神鑑 綜合篇 | 命理操作三部曲系列(20) | 9789887715061 | $120.00 |
| 太清神鑑 五行形相篇 | 命理操作三部曲系列(19) | 9789887715030 | $120.00 |
| 課堂講記 | 命理操作三部曲系列(5) | 9789887715009 | $120.00 |
| 易氏格局精華 | 命理操作三部曲系列(4) | 9789881753755 | $160.00 |
| 五行增值 | 命理操作三部曲系列(3) | 9789881753755 | $100.00 |
| 六神通識 | 命理操作三部曲系列(2) | 9789889952679 | $90.00 |
| 八字基因升級版 | 命理操作三部曲系列(1) | 9789881687807 | $130.00 |
| 神相金較剪(珍藏版) | 中國命相學大系(1) | 988987783X | $160.00 |
| 人倫大統賦 | 中國命相學大系(4) | 9789889952600 | $70.00 |
| 八字古詩真訣 | 中國命相學大系(5) | 9789889952648 | $100.00 |
| 神相鐵關刀全書全書 | 中國命相學大系(13) | 9789887715054 | $160.00 |
| 滴天髓古今釋法 | 中國命相學大系(8) | 9789881753762 | $100.00 |
| 玉井奧訣古今釋法 | 中國命相學大系(9) | 9789881877017 | $100.00 |
| 世紀風雲命式 | 中國命相學大系(13) | 9789881687715 | $100.00 |
| 滴天髓命例解密 全書 | 中國命相學大系(18) | 9789887715092 | $160.00 |
| 神相麻衣全書 | 中國命相學大系(12) | 9789887715016 | $160.00 |
| 命理約言 | 中國命相學大系(14) | 9789881687772 | $100.00 |
| 心相篇 | 中國命相學大系(15) | 9789881687845 | $100.00 |
| 神相冰鑑 | 中國命相學大系(16) | 9789881687890 | $100.00 |
| 神相照膽經全書 | 中國命相學大系(17) | 9789881687746 | $160.00 |
| 掌相奇趣錄 | 知命識相系列(7) | 9889877864 | $60.00 |
| 命相百達通 | 知命識相系列(6) | 9889877856 | $58.00 |
| 男女掌相夾緣份 | 知命識相系列(6) | 97898817537 | $58.00 |
| 面相玄機 | 知命識相系列(4) | 9789881753731 | $65.00 |
| 面相理財攻略 | 知命識相系列(5) | 9789889952693 | $78.00 |
| 陰間選美 | 末世驚嚇(1) | 9889877872 | $46.00 |
| 聆聽童聲 | 童心系列(1) | 9889877880 | $46.00 |
| 五官大發現(漫畫) | 玄學通識系列(1) | 9889877821 | $38.00 |
| 拆字天機全書 | 玄學通識系列(4) | 9789881877000 | $130.00 |
| 字玄其說 | 玄學通識系列(3) | 9889877899 | $68.00 |
| 玄空六法現代陽宅檢定全書 | 玄空釋法系列(1) | 9789887715085 | $160.00 |
| 風水安樂蝸 | 玄空釋法系列(2) | 9789881687869 | $88.00 |
| 八字財經 | 玄空通識系列(6) | 9789881687838 | $100.00 |
| 玄易師(相神篇) | 心相禪系列(3) | 978988901877055 | $68.00 |
| 子平辯證 | 玄學通識系列(4) | 9789881753779 | $90.00 |

| | | | |
|---|---|---|---|
| 八字拆局 | 玄學通識系列(5) | 9789881877062 | $90.00 |
| 真武者之詩1 武狂戰記 | 超動漫影象小說 (1) | 9789881753793 | $66.00 |
| 真武者之詩2 戰東北 | 超動漫影象小說 (2) | 9789881877013 | $68.00 |
| 真武者之戰3地界七層塔 | 超動漫影象小說 (3) | 9789881753793 | $68.00 |
| 真武者之神 神龍記 | 超動漫影象小說 (4) | 9789881687739 | $68.00 |
| 三國日誌 NO.1 | 人工智能漫畫系列 01 | 9789889952624 | $48.00 |
| 三國日誌 NO.2 | 人工智能漫畫系列 02 | 9789889952631 | $48.00 |
| 海嘯風暴啓示錄 NO.1 | 人工智能漫畫系列 03 | 9789881753748 | $48.00 |
| 西遊解心經 | 人工智能漫畫系列 04 | 9789881687852 | $68.00 |
| 鬼怪事典1 | 超動漫影象小說 (5) | 978988168771 | $55.00 |
| 鬼怪事典2 | 超動漫影象小說 (8) | 9789881687777 | $58.00 |
| 鬼怪事典3 | 超動漫影象小說 (12) | 9789881687722 | $68.00 |
| 鬼怪事典4 | 超動漫影象小說 (13) | 9789881687883 | $68.00 |
| 鬼怪事典5 | 超動漫影象小說 (14) | 9789881175023 | $68.00 |
| 鬼怪事典6 | 超動漫影象小說 (15) | 9789881175047 | $78.00 |
| 漫畫時代1 | 超動漫影象小說 (6) | 9789881687753 | $55.00 |
| 神龍記 上 漫畫+小說版 | 超動漫影象小說 (7) | 9789881687708 | $60.00 |
| 大聖悟空 1 微漫版 | 超動漫影象小說 (9) | 9789881687784 | $65.00 |
| 大聖悟空 2 微漫版 | 超動漫影象小說 (10) | 9789881687821 | $65.00 |
| 大聖悟空 3 微漫版 | 超動漫影象小說 (11) | 9789881687876 | $65.00 |

## 實體書【補購站】

電郵：tcwz55@yahoo.com.hk

（讀者補購以上書籍，請往下列書局）

可享折扣優惠

陳永泰風水命理文化中心 23740489
九龍彌敦道242號立信大廈2樓D室

上海印書館 25445533
香港中環德輔道中租庇利街17-19號順聯大廈2樓

鼎大圖書 23848868
九龍油麻地彌敦道568號僑建大廈五樓

陳湘記書局 27893889
九龍 旺角 通菜街130號

星易圖書 39970550
Email：xinyibooks@yahoo.com.hk

查詢圖書資料　電郵地址：tcwz55@yahoo.com.hk　聯絡：謝先生

易天生老師 2021至23年 最新作品

三命通會－女命書　　子平真詮—圖文辨識

子平百味人生　　太清神鑑——五行形相篇

窮通寶鑑——命例拆局　　太清神鑑——綜合篇

新書發售

心田文化　pubu電子書城

pubu.com.tw/store/2742859

由於出版生態的改朝換代，一切都正在演化中，應運而生的就是〔電子書〕浪潮，由歐美開始，繼而是台灣，打開了新世代閱讀之門，加上近年的疫情影響，門市和發行的成本不斷上升，心田文化已經正式踏入了電子書的行列，大家如果仍然是很難或買不到易天生的書，那最佳方法便是手機搜尋，隨手一按，購買最新和過去易天生寫過的五十多部作品，只是要習慣適應閱讀方式，與時並進總需要點時間。

易天生命學書著作專區：facebook.com/

## 易天生老師

第二部闖出國際的作品

## 於南韓全國發行

## 心田文化出品

命相經典！

第一部台灣全國發行：

## 神相金較剪

第二部南韓全國發行：

## 五官大發現

---

나의 인생, 나의 미래, 얼굴에 답이 있다

만화로 쉽게 보는 관상

yes24.com/Product/Goods/71833562

易天生老師南韓大丘新書發佈會 活動實錄

2019年遠赴南韓大丘市，最大書店教保文庫，頂層舉行作者簽書會，並與當地讀者作即時交流，解答在場人士的相學問題。

## 南韓大丘活動實錄

轉載自易天生官方網站社交平台：

https://www.facebook.com/yitis55

facebook.com/tcwz55

易天生
南韓大邱最大的書店"教保文庫"
新書終已在南韓出版，四月六日星期六，出版社安排了一場活動，在教保文庫舉辦與南韓讀者朋友的見面會。
心情有點緊張。

易天生
心情好緊張
見証五官兒子在南韓的...出生

文燦和其他30人 6則留言

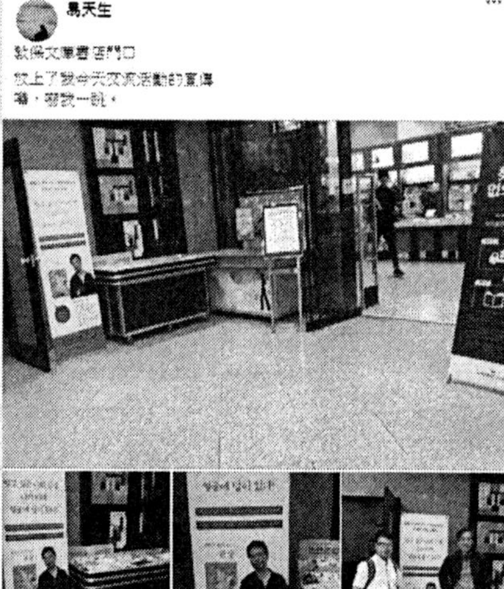
易天生
教保文庫書店門口
放上了我今天交流活動的宣傳
海報，嚇我一跳。

文燦和其他30人

易天生

五官的韓文翻譯...申美榮小姐

我本書國語夾雜廣東話，又多名詞術語，一点也不好翻譯，申小姐可謂勞苦功高。

文媚、Hui Chi Yeung和其他25人　5則留言

易天生

易天生

分享會正式開始

現場坐滿了來自南韓各方的讀者朋友
感謝白水振教授為我翻譯
準備了一晚的講稿，和拿了一些作品
都展示出來，起初還有点緊張
也漸漸平穩下來

易天生

教保文庫內巨幅廣告宣傳

每層都放佈着
真的十分重視我這本書。

易天生

在韓國的女讀者

大邱一間很別致的咖啡店
為老板娘簽名留念。

41　4則留言

**易天生**

那天簽書會上，還介紹了…

我未來的水墨畫路向，因此那天大家都很捧場購書，心裡十分感謝南韓讀者，和專誠由首爾出版社前來的兩位小姐，一早在書店作妥善安排。

還有台副校和中小姐的幫忙翻譯，才令今次活動得以成功。

**易天生**

出版社安排了

交流會因讀者的熱情超了時
結束後立即趕去這間充滿園藝特色飯店
共進晚餐。

**易天生**

活動完畢，為在場的南韓朋友簽名

收到各方面的回響
是次新書發佈會獲得好評和成功。

文濤、Amino Acid和其他122人　32則留言

**易天生**

交流會圓滿結束

書店上工作的讀者朋友，帶了太太來捧場，高興又添一位新讀者呢。

文濤和其他30人

良種紙上播　　善筆植心田

# 知命識相系列：9

# 五行增值－子平氣象

作者／易天生
出版／心田文化
封面繪畫／易天生
地址：香港干諾道西135號錦添工業大廈R13室
電話：90534761
電郵地址：tcwz55@yahoo.com.hk
網址：comics.gen.hk/2000b.htm
社交平台：https://www.facebook.com/yitis55
電子書平台：pubu.com.tw/store/2742859
美術／樹文
排版／心田文化
印刷制版／I-Dragon Printing Company
地址：觀塘鴻圖道21號訊科中心23/F D室
電話：63987599
發行／：香港聯合書刊物流有限公司
地址：香港新界大埔汀麗路36號中華商務印刷大廈地下
電話：23818251
初版日期：二〇二三年十一月初版
定價：HK$一百二十元

國際書號：ISBN : 978-988-77151-3-9

良種紙上播
善筆植心田
心田
心田文化